到世界的另一端：发现部落

良卷文化 著

到世界的另一端，发现部落

现代人往往很容易骄傲。我们经常会误以为，这个世界所有的人类，都是我们自己这个样子：享受着汽车时代和互联网时代的种种便利，同时也痛苦着它们带来的种种弊端。

但是，我们经常忘记，还有一种不同于"现代人"的人类。他们跟我们一样，是这个星球的孩子，跟我们一起分享着阳光、水分以及大自然的种种恩惠和滋养。

跟我们不一样的是，他们以部落或部族的形式生活着。他们中的相当一部分，在现代人看来还很原始。他们隐藏在这个世界的各个角落里，隐藏在密林或者水泊的深处……

是的，在我们习以为常的现代社会之外，还有着"世界的另一端"——亚马逊丛林、非洲一望无际的草原、东南亚的密林；食人族、猎头族、长颈族……

于是就有了这本《到世界的另一端：发现部落》。本书从各大洲选择30个风俗奇特的部落，用细腻的笔触，讲述这些部落居民和我们截然不同的传统生活。书中的每一个部落可以说都是一段传奇的故事。阅读这些故事，你需要摒弃简单的猎奇心态，只有这样，你才能感悟到，这个世界还有另一种存在，并使我们人类共同的家园更加多姿多彩……

当然，尤其值得一提的是本书的图片。感谢那些不畏艰险而又心怀文化包容性的摄影师，正是通过他们的镜头，读者才能真正直观地走到世界的另一端，去发现部落之美。

目录 Contents

飞翔在东非草原的红衣马赛人	001
崇拜处女神的祖鲁人	009
爱斯基摩人 北极冰雪大地的孩子	016
流浪在茫茫海洋的莫肯人	023
桑布鲁人 像蝴蝶一样翩翩起舞	030
纳瓦霍人 二战中创造奇迹的风语者	038
达尼人 从石器时代走来的遗民	046
隐居在芦苇与湖泊中的乌鲁人	053
潜藏在亚马逊密林深处的食人部落	061
摩梭人 "东方女儿国"的玫瑰	068
马拉维人 他们的美食是白蚁田鼠	076
蛇人 神秘的南亚流浪部落	084
带着泥头盔的阿萨罗泥人	091

阿斯马特人　砍下敌人头颅祭奠祖先	098
卡拉莫贾人　娶处女是最大的耻辱	104
与雄鹰为伴的哈萨克人	111
以伤痕为美的哈默尔人	119
卡鲁人　唇上打孔插满鲜花和羽毛	126
用铜环拉长脖子的长颈族人	133
莫西人　下嘴唇上安装盘子	140
阿卡人　满口黑牙才能算美人	148
在下巴上镶嵌木棍的佐埃人	155
大三尼奇人　奥莫河谷中最原始的野性	160
毛里塔尼亚人　只有足够胖才能出嫁	166
灿烂古文明里走来的玛雅人	173
辛巴人　红皮肤的游牧部落	180
毛利人　脸上文着鲸纹，跳舞吐舌头	188
体型如同电冰箱一样的萨摩亚人	197
布须曼人　绘出壮观的非洲历史壁画	204
用生命博取蹦极快感的瓦努阿图人	213

飞翔在东非草原的红衣马赛人

当着红衣的马赛人成群奔跑时,狮子也会退避三舍。他们才是真正的草原王者!

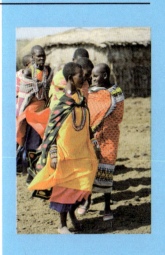

在终年积雪的非洲屋脊乞力马扎罗山下,东非稀树草原绵延无尽。古老的游牧部落马赛人,就生活在这片金色的草原上。每年秋天,稀树草原呈现出一片绚丽的金黄,当马赛人奔跑或跳跃时,灵动的红色就闪耀在一望无际的金黄中。

关于马赛人的来源有着种种说法。传说18世纪,哈米特黑人为寻找心中的草原,从埃塞俄比亚南下,进入坦桑尼亚,发展成为今天的马赛人。另外一种说法则更富有传奇色彩。古罗马军队的一个分支,从非洲北部一直南下到达了这里,被金黄色的大草原迷住,世代居住在这里。马赛人的骁勇善战,似乎印证了这种说法。在殖民地时代,马赛人用长矛盾牌抵御英国军队的大炮火枪;面对马赛人的英勇抵抗,英国人也只能咬咬牙,道一声"高贵的野蛮人"。

在东非200多个部族中,马赛人也许最为著名,尽管他们告别石器时代才仅仅100多年。在21世纪,外部世界早已进入互联网时代,而马赛人至今仍保持着原始部落的某些习性。他们靠钻木取火，生活在严格的部落制度下，相信万物有灵，部族中年长者有绝对的权利。虽然年轻人中不乏开始使用英语者，但马赛人不会放弃自己挚爱的马赛语，那是一种与自然和神灵对话的语言……

随着时代的变化，个别马赛人也开始穿上诸如蓝色的衣服，但绝大多数马赛人依旧喜欢穿红色的衣服。红衣是马赛人的传统装束。在远古时代，马赛人的祖先认为红色象征火焰，是神灵赐予他们驱赶野兽的力量。成年男子的衣服由两块红布组成，一块用来遮羞，另外一块斜披在一边的肩上。在马赛语中，这种衣服名叫束卡。成年男子们穿着这种衣服奔跑在莽莽草原，一根一头细一头粗的木杖时刻都不会离手，木杖可以帮他们驱赶草原上的野兽。马赛女人的衣服叫坎噶，由色彩艳丽的裙装和一块围在脖子上的布组成。围在脖子上的这块布的作用非常大：平时是衣服的一部分，睡觉时铺在床上，带孩子时包着孩子，买菜时兜菜……

马赛人是爱美的部落，当然，他们的审美观在外界看来似乎"极其独特"。当部落的孩子长到四五岁的时候，会被敲掉一颗门牙。现在已经没人能确切解释为什么会有这种奇特的习俗？难道这与某种原始的信仰有关？还有一种说法是：敲掉门牙后可以在牙龈上形成一个小洞，生病时可以通过小洞直接灌入药物。是否真如此，没人知道。

打耳洞是马赛男子成人的仪式。如果没有经过成人仪式，无论年

马赛这个古老而缤纷的游牧部落，生活在金色的东非稀树草原上。他们以英勇著称，连狮子也害怕那一袭袭张扬在风中的红衣。夕阳西下，他们唱着歌，跳起属于他们自己部落的舞蹈……

从小打上的耳洞，随着岁月的流逝越长越大，几乎垂在肩上，甚至拳头都可以穿过。

马赛人才告别石器时代100多年，他们仍然保持着钻木取火的原始生活方式。

龄多大，在旧派的马赛人看来都不算成年人。传统的马赛人似乎对于数字没有概念，他们最多能理解到10。马赛人计算年龄则是把相同年纪的人编成年龄组，一个年龄组的人同时接受成人礼。经过巫术师的占卜后，人们会用滚烫的铁丝，在男孩的耳垂上打一个大洞。如果孩子不哭，就会被视为男子汉，并得到牛羊作为礼物。这个时候会用木棍或树叶塞住耳洞，让这耳洞越长越大，到成年的时候，他们的耳洞大得几乎垂在肩上，轻易地就能穿过一只拳头。马赛人特别喜欢将彩色珠子串起来作饰物。成年男子在耳垂和脖子上挂着象征部落身份的各种彩珠饰品，女人们则剃光头，头上围着白色的珠饰，脖子上也挂着让人目眩神迷的彩珠。

走进马赛人的村落，原始野性的味道便弥漫而来，村寨比想象中干净得多。村寨是由泥土堆砌的，村子里的房子排成圆环，外面用带刺的藤蔓和灌木围出一个大大的圆形篱笆。村落一般能容纳4~8个家庭。房子像一口口倒扣着的缸，开着很小的门，主人进出房子必须弯着腰。这样的格局，据说是为了方便刺杀未经允许的进入者。墙壁一般是由树枝和牛粪建造起来的，室内有由三块石头堆成的灶，在灶边的墙上挂着他们的炊具。整个房子虽然非常窄小，但是却分区非常明确，有主人的卧室，孩子的卧室，甚至小牛小羊的保育室。房间用薄薄的牛粪墙隔开，地上铺着干草树枝和兽皮。作为草原的原始子民，他们至今保持着钻木取火的方式。"只要有一段枯木，"马赛人如此骄傲地说，"我们的生命就能延续……"

在马赛人的村落中，往往可以看到放牧的男子在驱赶着牛羊奔跑。据说，远古时候，"凯恩神"用野无花果树的无形之根，将一种长角牛赐予马赛人。牛羊在马赛人心目中占有重要地位，牧牛就成了最高贵的职业。马赛人对于财产的概念就是用牛来表示的，10头牛可以娶回一个漂亮的老婆。马赛男人的成人礼上，除了进行割礼，便是被长者叮嘱要多养牛和保护好女人及牛群。马赛人养牛羊却不是为了食用，牛奶、羊奶和牛血才是他们的目的。牛奶、羊奶是马赛人的主食，而牛血则是他们的饮料，当他们口渴的时候就会用随身携带的匕首在牛脖子上刺一刀，插入草管吸食牛血解渴；然后再在牛的伤口上涂一把黄土。对了，旧派的马赛人还保持着用牛粪洗手的习俗，洗完的手非常干净，丝毫没有外人想象的腥臭……

乞力马扎罗雪山是马赛人膜拜的神祇。每年，马赛人都要在山脚下举行传统的祭祀活动。祭祀活动通常都连续数个日夜。在马赛人部落中，流传着关于乞力马扎罗雪山的故事。相传，在遥远的古代，天神降临到这座高耸入云的高山之巅，以便看望和赐福他的子民们。盘踞在山中的恶魔为了赶走天神，便在山内点起大火，熊熊烈火和滚烫的熔岩随之喷涌而出。天神怒不可遏，招来瓢泼大雨把大火扑灭，又唤来飞雪冰雹将冒着烟的火山口填满。从此，乞力马扎罗山的山顶就成为一片冰清玉洁的世界，那些熔岩则成为沃土的养料，养育着山下的生灵。祭祀的时候，矫健的马赛人都会跳起独特的舞蹈。他们站在金黄色的草原上，手执常年不离身的木杖，高高地跃起，红色的束卡在风中咧咧作响，女人们则用独特的马赛语唱歌击掌。马赛人就用这样的方式，表达对养育他们的乞力马扎罗雪山的崇敬和感恩。

跳高不只出现在祭祀仪式上，马赛人日常生活中更是随处可见。据说这种"立定跳高"，起源于马赛人与猛兽同处时，他们用这样的方式来观察周围环境。在过往时代，马赛人部族之间如果发生争执，他们的第一选择不是战争，而是以跳高比赛来决定胜负。在生活中，跳高也是马赛男人赢取女人芳心的方式。一群年轻男子聚集在一起，谁跳得高，谁就会获得掌声，被看做勇士。他就有权利走近爱慕的女性面前，与她脸贴脸，以此来表达爱意。当两个男人同时看上一个女子时，也用跳高的形式来"决斗"。当然，跳高更是马赛人日常的娱乐，蓝天下，草原上，红衣的马赛人腾空而起，留下一抹抹惊艳。所以，他们称自己为"会飞的草原子民"。

马赛人的性格，就如同他们身上的红衣般猛烈。虽然他们遵循游牧民族的传统，不轻易捕猎动物，但倘若有哪只狮子伤害了马赛人，那么整个部族就会坚决报复，直到将那一群狮子全部杀死。所以，在东非稀树大草原上，当红衣的马赛部族成群奔跑时，狮子也会退避三

马赛的女人们,穿着色彩艳丽的服饰,带着鲜艳的彩色珠子,从村落里走出来,给金黄色的稀树草原染上了一抹艳丽。

舍。它们知道,真正的草原王者,就是这些身披红色战袍的马赛人!

然而,不要把马赛人想象成与世隔绝。事实上,外部文明正在一点点地渗透马赛人的生活。汽车、电、西服,甚至英语,都开始在年轻马赛人的生活中出现。曾经有一位瑞士姑娘来到稀树草原,被一个马赛小伙子奔跑的英姿吸引。姑娘告诉男朋友,她要放弃城市的文明,去追寻那一眼便印刻在心里的爱情。这位漂亮的瑞士姑娘成为了马赛人的第一位白人妻子。然而,历时4年光阴后,她却再也无法忍受男人的粗暴、与多个女人共享一位丈夫、无法洗澡等原始生活模式,带着她的马赛孩子回到了瑞士。后来,她写成一本书《White Masai》,并把书里的故事拍成电影。在电影中,人们看到美丽的稀树草原、红色的马赛束卡、绚丽的彩珠装饰、古老的生活习俗,以及不同文明之间的交融与碰撞……

文/魏阳　图/Anna

在过去的时代,欧洲人不相信在炎热的非洲会有终年积雪的乞力马扎罗山。对马赛人来说,这座雪山是他们最敬仰的神祇。

崇拜处女神的 祖鲁人

年轻的男女们用彩色的珠子来表达爱情，红色是热烈，白色是纯洁，忧伤的蓝色代表着即将分离。

南非位于非洲大陆的最南端，这里拥有广袤的热带草原，树木稀少，野兽众多。而正是这样的环境造就了生活在这片土地上的祖鲁部落的坚强。

早在1200多年前，祖鲁人的祖先恩古尼人，就从非洲中部迁徙到南非这片带着野性味道的土地。在这些先民到达这片土地的时候，他们为这片土地命名为：zulu（祖鲁），在祖鲁语言中就是天堂的意思。在这里，他们就是天堂的主人。

祖鲁人根据血缘分为不同的部落，每个部落都有自己的酋长。这些酋长由祖鲁的国王领导。这种古老的形式如同薪火一般代代相传，直到今天，祖鲁人依然有自己的国王。南非实行的联邦制政体使得这种部落结构得到了很好的保护，它们不仅承认祖鲁的国王，还允许国王对自己的部落进行管理。祖鲁国王也许是世界上最多才多艺的国王：在部落的祭祀活动中，他是仪式的主持人；在部落庆祝节日时，他是部落战舞的领舞。在国王的王宫中也有牛棚，国王自食其力。甚至有媒体报道，国王会坚

010 祖鲁人

他们依靠种植和放牧为生,每当他们迎来庆典时,男人们便跳起威风凛凛的战舞,姑娘们准备彩色的珠子,送给她们心爱的男人……

持每天在跑步机上长跑,以号召部落的男性都加强锻炼,保持一身发达的肌肉。在祖鲁,部落首领和国王都受到族人的尊崇,当部族中的男人猎杀了豹子时,他们会将豹皮献给首领,因此,在祖鲁部落中,穿着豹皮是首领才拥有的权力。

祖鲁人靠种植和放牧为生。在祖鲁人的村庄外,女人们开垦出一片片土地,种植玉米。男人们在草原上放养成群的牛,还要应付野兽对牛的袭击,他们生而富有血性,在草原上奔跑如同猛兽。在部落中,牛的数量代表一个家庭财富的数量。千百年来,祖鲁人就用这种简单、原始的方式生活在南非草原上,这些天堂的居民自豪而勇敢,世代守护着这片属于他们的土地。

走进祖鲁人的村落,可以看到很多像蜂巢一样的院落。院落的中心是圈养牛的牲畜栏,在它周围是大大小小的圆形房屋。这些房屋用泥巴和牛粪垒成,屋顶是厚厚的茅草。这里的房屋不会有角落,他们认为如果房屋有角落,就会藏有魔鬼和敌人。房屋的安排依然体现着部落的男权思想,最大的屋子用来会客,其次是男主人的房间。走进祖鲁人的屋子,里面整洁干净,很难想象狂野的祖鲁人对于家务事竟会如此细心。祖鲁村落是祖鲁人心中最安全的地方,夜深时分,远处不时传来野兽的吼声,但是勇敢的祖鲁人依然能坦然入睡,他们相信村落是祖先的土地,会受到祖先的保护,野兽没有办法伤害到他们。

部落中实行一夫多妻的制度。白人统治南非的时期，一夫多妻制度一度被视为不合法的行为。但在山高庙远的部落中，祖鲁人仍然我行我素。南非的种族隔离统治结束后，法律再次承认了祖鲁人的一夫多妻的习俗。男方献给女方家长一份彩礼，如果女方家长对小伙子和彩礼都满意，就会把自己的女儿许配给小伙子。而这份彩礼也非常特别，并非金钱和住房，而是祖鲁人最看重的牛。

祖鲁人的恋爱方式也非常特别，男女之间的感情由一串珠子紧紧地关联着，这种传情方式古老而浪漫。如果祖鲁的女性对某个祖鲁男人有好感，就会送给这个男人一串象征着纯洁爱情的白色珠子。如果男子疏远了女孩，他就会收到一串蓝色的珠子，代表着女方即将离开这个男性，如同远去的鸽子。在婚礼上，祖鲁女性会手持红、白珠子，代表着爱情的热情、纯洁。

在祖鲁人古老的传统中，祖鲁女人在结婚之前会袒露自己的乳房。这些女孩并不会感到羞愧和尴尬，在她们眼中，尊重传统是再正常不过的事情了。丰满的身材再加上深色的皮肤，祖鲁女性特有的部落味道的美感完全展现出来，这是城市中的女孩再光鲜的打扮都无法捕捉到的一种美。在婚后，这些女人就会穿上上衣，以示对男人的尊重。

祖鲁女孩在成年时会接受年长女性的处女验证。在仪式上，部落里所有当年成年的女性会聚集起来，这里不允许有男人出现，女孩们躺在草地上接受验证。祖鲁人崇拜处女神，在祖鲁人眼中，女孩保护好自己的身体，是对神灵的崇拜。

和其他很多非洲部落一样，祖鲁人也有着非常虔诚的祖先崇拜，每个部落都有自己的祖先，在播种季节，每个部落都会祭拜自己的祖先，祈求保佑。祖鲁人还崇拜神和巫师，祖鲁国王负责全国的巫术，每当遇到了自然灾害或者战争，国王会带领祖鲁全民向神和祖先祈祷，以牛为供品，祈求祖先保佑他的后人们能渡过难关。

擅战的祖鲁人自豪无畏，如今，部落间的掠夺战争已经停息，草原已经不是战场，但是当年的战舞依旧保留，成为了祖鲁部落的标

在祖鲁人的日常生活中,彩珠无疑是非常重要的。这些色彩明媚的彩珠配饰在装点容颜的同时,也是祖鲁人爱情的代名词。

志。男人们手持盾牌长矛,模仿各种作战时的动作,配合极富动感的音乐节奏,展现出这个部落的英勇、顽强和活力,祖鲁男人们不断地跳跃舞动、刺杀、闪避。战舞舞动了千百年,从这些英勇的男人身上,似乎还能看到他们祖先的影子。祖鲁是草原上的一头雄狮,草原上的其他部落都是他们的猎物,他们用自己的身躯告诉所有人,曾经和现在,他们都是这片草原的主人。祖鲁男人成年以后就进入军队,为保护天堂而战。祖鲁军队曾经在国王的带领下进行了抵抗英国殖民者的战争,不难想象,长矛盾牌敢于面对殖民者的火枪大炮的部落是多么无畏。残忍的战争已经成为过去,战争到战舞,保留下的是祖鲁人的血性和灵魂。

每当重大的节日、祭祀活动和婚礼时,村落中都会响起欢快的祖鲁音乐。人们用手鼓打出欢快的鼓点,悠远的号声,在草原上飘荡许久,令人沸腾。看似原始落后的部落,却有着丰富多彩的文化,古老的仪式是整个部落强大生命的延续。在部落人心中,祭祀像种植、放

在美丽的草原上,祖鲁人养的牛恬静地吃草。蓝天白云下的草原上,祖鲁人住在用牛粪、泥巴和茅草砌成的圆形小屋中。

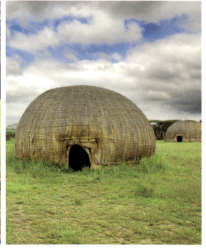

牧一样重要。每当节日，每个部落的男女老少都会聚在一起，身着传统的祖鲁服装，面部涂上红、白色的颜料，庄严、神秘的音乐响起，首领身着豹皮制成的服装，带领众人，膜拜祖先和神灵。祭祀时要向先人献出自己的财富，在祖鲁当然就是献上一头牛。祖鲁人会用自己的方式将牛杀掉，它便成为了送给祖先的礼物。

随着时代的发展，一些年轻的祖鲁人走出了草原，进入到南非的各行各业。他们虽然融入了现代社会，和我们一样饮食起居，但是他们永远流淌着祖鲁的血，永远像一头雄狮。

文/孙海杰
图/Anna

村落外的集市，祖鲁女人们把编织的各种特色饰物摆放起来出售。各种美丽的彩珠饰品，看起来非常精致。

爱斯基摩人 北极冰雪大地的孩子

他们把北极的冰雪切割成砖块,搭建成圆形的房子,在这样的屋子里,与北极的冰雪融为一体。

相传在一万年前,从遥远的欧亚大陆,有一群人开始迁徙,他们冒着零下几十度的严寒,穿越重重艰难险阻,横渡冰封的白令海峡陆桥,最终到达了富饶美丽的美洲大陆。孰料,等待他们的不是美酒和佳肴,而是当地土著印第安人视之为入侵者的围追堵截和残忍屠杀——无路可逃的迁徙者们一直被逼退到万里冰封的阿拉斯加、格陵兰岛一带。印第安人以为他们最终会被冻死,便停止了追击,但这群迁徙者们凭着惊人的适应环境的能力奇迹般生还下来。他们的后代被称为爱斯基摩人。

和其他有着精彩纷呈文明的民族相比,爱斯基摩人的文明坚韧而朴实无华,他们的历史就是一部和大自然的斗争史。他们的相貌有着亚洲人的特征:矮个子、黄皮肤、黑头发。或许,这也是为什么会有"爱斯基摩人的祖先是中国人"的说法流传。然而,与他们的疑似祖先相比,为了抵御严寒,爱斯基摩人的生理结构也发生了一些改变:面部模样呈宽大的五角形,上下颚骨强有力地

　　北极的冰天雪地中，爱斯基摩人生活在小木屋或小冰屋中，他们穿着厚厚的皮毛衣服，美丽的极光陪伴着他们。

横张着,头盖正中线像龙骨一样突起。他们裹着厚厚的带有连衣帽的皮袄,脚上通常套着好几双鞋,除了保暖御寒外,他们的服饰朴素,色彩极为单调,丝毫没有美感可言,他们也不会在脸上涂抹鲜艳的油彩,更没有花哨琳琅的饰品,远远看去,雪地里的爱斯基摩人像一头笨拙的熊。然而就是这一头头看上去笨重的"熊",凭着自己的胆识和力量以及简陋的捕猎工具,冒着生命危险捕猎巨大而凶猛的海象、北极熊,撑起了整个家庭甚至整个部落。

狩猎是爱斯基摩人的主要劳动,也是最主要的生活来源。在北极地区狩猎,是爱斯基摩人独享的"特权"。他们在不同的季节捕猎不同的动物,以格陵兰岛北部的爱斯基摩部落为例:他们在夏季以打鸟和捕鱼为主,秋天猎驯鹿,春夏之交的季节里猎取海豹。

春天是捕捉海豹的绝佳时机。爱斯基摩人划着皮划艇,梭巡在四处漂流着大块浮冰的海面上,带着海豹叉或梭镖,小心翼翼地靠近那些正在海里嬉戏玩耍的海豹群。合格的捕猎者必须要在一两百米外发现猎物,然后伺机而动,所以爱斯基摩人从小练就一副好眼力。除了眼力过人外,敏捷和力量也是猎人必备的素质,在投掷梭标的过程中一定要快、狠、准,否则海豹便逃之夭夭了。即便叉到海豹,还得用预先准备的渔网迅速拖住它,这时再给它毙命一击。一只海豹的猎取往往要耗费大量的时间和体力,有时一天也难以发现目标,只能空手

爱斯基摩人生活在冰天雪地的北极圈,住在冰做的屋子里,猎食一只又一只海豹,雪橇犬和驯鹿成为他们生活中最重要的朋友……

画家用细腻的笔触画下了爱斯基摩世世代代生活的家园。冰山下,冰块垒成的冰屋圆润可爱。冰屋内,温度宜人,不像屋外寒气逼人,人们甚至可以衣衫单薄地生活。

而归,家人只好忍饥挨饿度过一天。运气和身手都极好的爱斯基摩猎手,一天也最多能捕获到两三只海豹。

除了捕猎外,爱斯基摩人也在北极短暂的夏天里采摘些果实,那是一年中难得的丰盛时节。由于严重缺乏果蔬类食品,爱斯基摩人的

在北极极度恶劣的自然环境中,也不乏其他物种和爱斯基摩人一起生活。可爱的海豹和憨厚的北极熊就是他们最好的伙伴。

皮肤和牙齿很糟糕,视力也衰退得快,很多族人到了40来岁就失去了劳动能力。

喜食生肉,是爱斯基摩人的传统饮食习惯,他们的名字"爱斯基摩"也和吃生肉有关,在印第安语里,"爱斯基摩"意为"吃生肉的人",是印第安人送给他们的带有嘲笑性质的名称。在爱斯基摩人看来,没有什么比生肉更美味可口了,尤其是那种稍微腐败了两天的"臭肉",他们的主食一年四季几乎全是肉,高蛋白和高脂肪帮助他们抵御寒冷,但他们不喜欢熟肉,认为熟肉远不及生肉吃起来那么带劲、有嚼头。

爱斯基摩人居住在普通的石头房子或者泥土房子里,夏天居住在兽皮搭成的帐篷里。而最具特色的住房,要属"伊格鲁"——也就是人们所熟知的冰屋。这种由雪砖垒成的独具北极特色的圆顶房屋是他们的主要居住形式之一。冰屋通常由一条条长方形的大冰块交错垒成馒头形状,再在冰块之间浇水,在北极独特的严寒气候里冰块很快冻成密不透风的一整块,室内睡觉的地方用雪垫高一些,再铺上柔软的兽皮,室内温度可以恒定在16℃以上,爱斯基摩人可以任凭屋外凛冽的寒风,半赤裸舒舒服服地睡在冰屋里……冰屋看上去简单,实际在选料和建筑过程中有十分严格复杂的工序，爱斯基摩人通常需要好几年才能学会冰屋的建筑工艺。那一座座茫茫雪地里朴实简陋的冰屋，是北极圈里屹立不倒的伟岸建筑，帮助人们抵挡寒冷侵袭，是爱斯基摩人生命的"温室"。

狗拉雪橇也是爱斯基摩人的一大特色，这种极地地域特有的交通工具数千年来一直是爱斯基摩人的大爱，即便现在已经有了速度更快和操作简便的雪地摩托车，但他们还是爱乘坐自家简陋的狗拉雪橇。

对于生活在北极的爱斯基摩人来说，最好的交通工具是狗拉雪橇，有着狼一样眼神的哈士奇和阿拉斯加犬是爱斯基摩人绝对离不开的伙伴。

雪橇犬一般多是纯种哈士奇或阿拉斯加犬，它们高大俊俏，极能吃苦耐劳，是犬类里的"赫拉格勒斯"（希腊神话中的大力神）。雪橇犬个性忠诚活泼，除了帮主人从事交通工作外，还会在打猎的时候助一臂之力，西部的爱斯基摩人还利用雪橇犬拖船，从事纤夫的活计。雪橇犬数千年来陪伴爱斯基摩人对抗一年四季冰封雪冻的北极世界，已经成为每个爱斯基摩人家庭中不可缺少的家庭成员。

数千年来爱斯基摩人生活得简单自由，他们的精神文化大体处在原始文化阶段。爱斯基摩村落里最有威望的是巫师，人们信奉万物皆有灵，每当遇到灾害或者是否远行等重大生活事件时，人们总要请部落巫师来做法。在村民眼中，巫师是村里最为重要的人，他们是具有和神灵交流或影响神灵的特殊能力的人。巫师们念着古老神秘的咒语进行占卜，在和神灵交流之后指点人们该去的方向。虽然爱斯基摩人衣着朴素，但对信仰却从未失去过虔诚，他们用兽骨和兽皮做成造型诡异的图腾顶礼膜拜，他们有着雕琢精美的宗教工艺品。也许他们真地受到了冥冥中的庇佑，要不，怎么会在寸草不生的北极里生活得如此生机勃勃呢？

很多现代的爱斯基摩人的生活水平有了很大不同，以狩猎为主的原始生产劳作方式已经远去。如今的爱斯基摩人住着有暖气和下水道的木板房，闲暇之余可以看看电视听听收音机，也做一些毛皮贸易。他们的生活发生了翻天覆地的改变，再也不用冒着性命之忧去狩猎来养活全家。孩子们可以就近上学直至高中毕业。那些居住在阿拉斯加北坡的爱斯基摩人，因为政府开采当地油田，他们每年可以从中得到一大笔可观的补贴，早已生活无忧。尽管如此，爱斯基摩人还是割舍不掉祖辈的传统习俗：他们还是爱坐着狗拉雪橇在极地兜风，有时间仍然会去寒风呼啸的野外打猎，大快朵颐地嚼食生肉，脱下尼龙外套，里面仍是土里土气的兽皮连襟袄。他们永远是北极圈里披着冰雪舞蹈的勇士。

文/吴肃爽　图/Irina

流浪在茫茫海洋的 莫肯人

他们飘荡在海上，把生命和蔚蓝的大海紧紧连在一起，海也赋予了他们神奇的水下能力。即使潜入深海，他们的视力依然绝佳，可以轻松捕获身边的每条小鱼。

在泰国南部安达曼海的苏林岛和缅甸的丹老群岛上，生活着三个神秘的海上古老部落，其中最大的一个总人口约9 500人，倚仗着常人难敌的绝佳水性和水下视力，以及独特的水下游泳捕鱼法、丰富的海洋知识，以科旁船和海上小屋为家，漂泊、居住在茫茫大海上。他们就是被人们称为"海上吉普赛人"的莫肯人！

莫肯人中大约7 000人生活在泰国的苏林岛，另2 500人则生活在缅甸的丹老群岛。这些莫肯人没有国籍，也不持任何国家的护照。他们有着非常独特的生活方式以及自己的语言、传统和文化，长期漂泊在海上，过着几乎与世隔绝的生活。

关于莫肯人的起源也几乎和吉普赛人的起源一样神秘而富有传奇色彩。传说，在几个世纪以前，一群叫做塞利特人的职业海盗控制着丹老群岛，他们漂泊无定，除了季风季节外，大多数时间都是在海上生活，偶尔才会在陆地上做短暂的停留。凶猛剽悍的塞利特人凭借他们一流的航海技术和丰富

莫肯人

大海给了莫肯人非凡的水下天赋，他们一生都不会离开大海。每一天，勤劳的莫肯人潜入水下，打起足够一家人食用的海鱼……

的海洋知识，在安达曼海上称王称霸。直到19世纪，为了将东南亚的重要水道安达曼海掌控住，塞利特人横行无忌的海盗作为首当其冲受到了当时以海军力量闻名的大英帝国的压制。好在安达曼海拥有着取之不尽的丰富海洋产品，绝大部分塞利特人被迫放弃肆意畅快的老本行，靠着捕鱼捉虾过着自给自足的海上民族生活，也逍遥自在地存活至今，形成了现在的莫肯人。

  莫肯人的一生几乎都在海上度过，如果我们足够浪漫主义，完全可以赞叹一声"好一群热爱大海并受到其宠幸的海的子民"。而经年累月承载着他们的，就是那家家拥有的科旁船，对于这个占据了莫肯人生活重心的重要工具，他们制作起来可毫不含糊，并且科旁船的质量也关乎船家的生活是否安宁。莫肯人认为，如果科旁船是用不平整的木材制成，船家就会得皮肤病，因此他们大多会选挺拔、无任何瑕疵的树木为材料，在砍树之前，他们都会虔诚地向天神参拜，祈求天神保佑造船顺利，能避开风浪。这种拜神仪式便成为了建造科旁船最神圣的一个环节。

  平时莫肯人住在浅水港湾处搭建的小屋里，这种特殊的小屋用竹子和树叶建成，木屋的地板比水面高出几尺，屋顶上用宽阔坚韧的树叶覆盖，以此来遮风挡雨，小屋里用来隔出厨房、卧室等不同空间的帘子以及床垫、衣柜、箱子等家居用品，都是巧手能匠的莫肯人用树叶做成的。而那几米见方的"阳台"，除了用来晒晾衣物、海洋产品和观察海上气候变化外，夜晚躺在上面，摇曳的星光下，长辈便会给后辈们讲述关于先祖们在海上叱咤风云的故事，来让小孩子对大海产生依赖感和敬畏感。

不知道是骨子里继续了先代海盗头子的血液，还是企盼让大海另眼相待，长年拼搏下的自我调节，莫肯人拥有了他们独此一家的特殊生存能力。他们擅长潜水，但并不是得益于那些护目镜、鸭脚板、水下呼吸器等现代设施，他们赤手空拳，像鱼儿一样在海水中自在地畅游，非常轻松便可下潜至水下六七十米深处并且停留六七分钟时间，绝对不会空手而归。他们的水下视力极佳，那双明亮润泽的眼睛，从表面上看，并没有多么特殊和与众不同，但在水下大约25米左右，几乎没有光线的海礁中却犹如深海明珠般能帮助他们毫不费力地捕捞珍珠、蚌壳、海参等，那自由无阻的姿态像极了下水便恢复鱼尾的美人

除了船屋，在美丽的沙滩上也有莫肯人用竹子和树叶搭建的小屋，映着浅水湾的海浪，这些木屋便是莫肯人上岸时最温暖的避风港。

一生都离不开大海的莫肯人，几乎天生是海的宠儿，从小就水性良好，不单在水下视力超群，捕鱼的技术也是一流的。

绿意森森的苏林岛如同珍珠一样静立于安达曼海。蔚蓝的海水，洁白的沙滩是天神赐予莫肯人最美的家园。

鱼。外人难以想象他们在水中的灵活，大海简直就像是他们家的后花园。

　　这种特殊的生存能力当然引起了外界的关注，瑞典隆德大学学者安娜·吉斯林就曾组织过考察队到苏林岛进行实地考察、研究，据她的研究表明，莫肯人水上视力其实与其他人相同，但水下视力却是常人的一倍。对于莫肯人这一本领竟是遗传还是后天环境影响，外界争论不休，但是何必理会呢，莫肯人总是骄傲地说："我们是大海的孩子，所以这是自然的……"

　　或许是受到大海的洗礼，莫肯人信奉原始宗教，相信万物有灵。"龙棒"是他们的宗教庆典，也是他们的主要节日。在每年的阴历五月，莫肯人会树立起高大的雕刻着图案的龙棒来祭祀祖先的灵魂。当然，作为大海的子民，他们雕刻在龙棒上的图案也表达着对海洋的敬

每一次祭祀的时候，莫肯人便把色彩艳丽、雕刻精致的"龙棒"竖立起来，他们相信，龙棒中有着祖先的灵魂。

畏：波浪、岛屿、各种海洋生物……他们会连续三天三夜歌舞畅饮，与其他岛屿来的亲友一起欢度节日。庆祝过程中，还会制作小型船模，放到海里让它们顺流漂走，寓意着驱走霉运。他们相信巫术，在被疾病侵扰时通常会找巫师帮忙，付钱或物品之后，在巫师神秘的祷告中，"病魔"便就此转移，由收下供奉的巫师代替他们受苦受难。

然而随着现代文明的侵入，莫肯人最终无法固守住属于他们的那一片哂然惬意的天地。1981年，由于苏林岛美丽的自然风光，泰国政府将其指定为国家公园，随之而来的还有一些主要负责阻止安达曼海北部非法捕捞行为的行政部门，如泰国林业部的海洋公园处和一些海洋渔业保护机构，他们的出现可以说让莫肯人不再平静的生活雪上加霜。他们认为莫肯人在海上的捕捞行为破坏了当地的环境，因此现今的他们只被允许非商业目的捕捞，靠着极为有限的"猎物"，以传统的以物换物方式换取大米等生活必需品。

由于没有国籍，莫肯人无权享受来自政府的任何形式的资助和各种社会福利，也因为旅游季节短暂，在旅游高峰期受雇于国家公园所获得的收入很有限，而他们又无法离开苏林岛，到其他地方去打工，如今的莫肯人，日子过得异常艰辛。

不仅如此，生活方式被迫改变后，莫肯人传统的以海洋动植物为主要食物的饮食方式受到了巨大冲击，现代生活的一再侵蚀，加上医生和药品的缺乏，使得许多莫肯儿童身体虚弱，更有些莫肯男人为了缓解生活陷入困境的压力沾染上海洛因等毒品，堪与大海争锋的强健体魄不再，许多人英年早逝，寡妇增多和男女性别比例失调的社会现象严重，往日莫肯人欢笑无忌的生活因此而蒙上浓重的阴影……

文/陶醉　图/Bidouze

桑布鲁人 像蝴蝶一样翩翩起舞

少年大约到了15岁接受割礼，但是接受割礼后并不能马上成为"毛兰"。他们要身缠染黑的绵羊皮，带着弓箭去捕杀小鸟，然后戴上用小鸟尸体做成的头饰。此后，他们在部落内开始受到一些奇怪规矩的限制：不许观望已婚女性吃肉，不许单独喝奶……

在有着非洲伊甸园之称的东非肯尼亚平原上，气候温和，得天独厚的地理条件滋养了这片土地上的万物。殖民地时代，这里也被称为是欧洲上流社会的后花园，大自然的生花妙笔把这里点缀得精彩纷呈。每当黎明的图尔卡纳湖泛起曙光的金色波澜，有一群身着色彩缤纷彩衣的人们来到湖边，他们的明艳像一群翩翩起舞的蝴蝶，让鲜花也黯然失色，精灵般的鲜活点燃了这片大地的勃勃生机。

这群美丽而勤劳的人们被称为桑布鲁人。"桑布鲁"在马萨伊语中寓意艳丽多姿的蝴蝶。在这片充满生气的土地上，只有喜好穿着鲜艳花布的桑布鲁人才配得上这个美丽的名字。

沿着图尔卡纳湖边一直到瓦索尼罗河一带，岸上是桑布鲁人的聚居地，他们的住所隐匿在桑布鲁平原茂盛的树木里。房屋看上去像一个个巨大的

肯尼亚草原辽阔的自然风光中，桑布鲁人带着鲜艳的部落饰品。每当晚霞染红天空，袅袅的炊烟便升起在村落中，幸福自由的一天就此度过……

刺猬——墙壁有2.5米高，聚落直径达二三十米，外墙上扎着密密麻麻的刺槐树枝，一点缝隙也不露，桑布鲁人用锋利的刺防御狮子等猛兽的袭击。桑布鲁人重氏族亲情，通常以家族形式住在一个聚落里——六七座小屋住上二三十个人，组成一个聚落。各家的畜栏建在聚落中央，小屋围着畜栏众星捧月。这大抵要算是非洲大地上的"四合院"了吧。小屋的形状看上去像极了海参，它们的建造十分讲究，要先选择质地柔软的树枝编成房屋的构架，再用带叶的细枝条编成四壁，最后涂上牛粪固定，房顶一般用类似棕榈一类的植物纤维编成。桑布鲁人生活简单，除了自家的牲畜外，全部的家庭财产是锅、几个搪瓷杯、搪瓷碟和几把勺子等厨具，还有一些被桑布鲁人称为"马拉"的造型别致的制酸奶的特制木器。小屋的入口一般朝向聚落中心位置，屋内靠外的地方摆着几块石头，靠里面的地方铺满了草，上面再放一层牛皮——就是桑布鲁人睡觉的地方了。

一般建房、担水、劈柴等体力活应该由身强力壮的男人来做，可在桑布鲁村落里，都是女人的活。每天清晨的时候，少年们打着响亮的口哨，"哈哈"声响彻了宁静的桑布鲁平原，他们赶着牛羊群去聚落边的水草丰茂的地方放养牲口，在放牧途中找一些"零食"：新鲜的树脂、野果等。女人们挤完羊牛奶后,开始制作黄油、酸奶、劈柴、担水、做"马拉"、修葺小屋,干得卖力又认真。桑布鲁族的男人无疑是世界上最享受的男人,他们每天聚集在一起,吹牛扯闲话、睡午觉,优哉游哉地过完每天。到晚霞染红了天空的时候,"哈哈"声从远方慢慢清晰,那是桑布鲁的少年们赶着牲口回来了,一天的劳作结束,袅袅炊烟升起,晚饭是聚落里最热闹的时候,全家人聚在简陋的炉灶边,大口吃肉,喝用"马拉"酿造的果子冻一样的酸奶,聊聊家长里短和天气,一天就这么过去了。

桑布鲁族是专业的传统畜牧民族,饲养牛、山羊、绵羊、驴甚至骆驼,驴和骆驼是苦力工,在聚落迁徙时托运重物。主要的生活基础是山羊和绵羊,奶、乳制品和玉米粉是桑布鲁人的基本饮食。族人们

彩色珠子穿成的项链几乎成为了一个笼子,笼罩着女人们的上半身,每当部落里的女人们如此盛装,必然是迎来盛大的庆典。

不从事农业，玉米粉、红茶和砂糖是用家畜到外面换来的，他们也不怎么狩猎野生动物，在众多非洲平原的物种中，桑布鲁人只吃羚羊、野牛等食草动物，肉食动物是他们的饮食禁忌。

等级森严是桑布鲁族社会的标志之一，他们不同于一般土著部落的首领制集权社会，而是有着一套非常特殊极为复杂的年龄制度的非集权部落社会。

男人们在推崇父系政治的部落里是权力的所有者。最低级的是"莱尤克"，也就是桑布鲁少年，成年男子被称为"毛兰"，他们是勇敢的部落战士，等到了一定年龄，升级为"鲁帕伊安"，成为部落里德高望重的长老，手握着对重大事件谏言献策的权力。

少年大约到了15岁接受割礼，但是接受割礼后并不能马上成为"毛兰"。他们要身缠染黑的绵羊皮，带着弓箭去捕杀小鸟，然后戴上用小鸟尸体做成的头饰。这期间要遵守一些禁忌，如不能接触刀、枪，不能坐在石头上等等。遵守这些禁忌以后，少年还要接受成年礼。最后，少年抛掉头饰，开始了战士的新生活，在头和身上涂赤色的泥土，留长发，并将长发编成细细的辫子。与此同时，他们在部落内开始受到一些奇怪规矩的限制：不许观望已婚女性吃肉，不许单独喝奶……约在完成割礼11年以后，举行立长老的仪式。几年后，战士们开始结婚，成为长老。这时，他们要剪短头发。毛兰和长老之间界线不清，新长老结婚后，仍要继续遵守对毛兰要求的食物禁忌。解除这种限制，是在他们有了第一个孩子，并且受到当地长老的祝福以后。这时他们才成为名副其实的长老。

桑布鲁族到现在还有着将近6万的庞大部族人口，这要归功于在过去部落抗争中威震四方的毛兰战士。如今，毛兰们婚前还放放牧，婚后彻底沦为吃"闲饭"的"懒汉子"……

虽然有着蝴蝶部落的美称，但平日里辛勤劳作的桑布鲁人还是穿得简单朴素，只有在节日的时候，才会拿出压箱底的鲜艳彩布和精心制作的漂亮饰品，把自己打扮一番。女人们穿上彩布，再套上一块宽大的天蓝色的彩布，像一袭披风，她们的项链与其说是戴在脖子上，

036 桑布鲁人

还不如说是套在肩上,那些五颜六色的项链由彩线和彩珠编制而成,从脖子一直到肩上堆在胸前,大大小小层层叠叠,组成了一个漂亮的"项链笼",头上戴着皇冠一样的头饰,从额头上要垂下来一块像蝴蝶一样的缀饰,有的还要将耳根以下的脸颊、下巴直到脖子用新鲜的牛血涂成红色。毛兰们穿着象征力量的勇士装——身裹大红彩布,头戴印第安式的羽毛头饰,脸上涂着油彩。桑布鲁人没有繁文缛节的庆祝或祭祀仪式,也没有纵情声色的狂欢,他们只是虔诚地站在湖边,大声而真诚地歌唱那是他们灵魂深处对先祖和大地最深沉的祝福。

虽然节日的时侯,桑布鲁人穿得色彩鲜艳,但平时他们都很朴素。

文/吴肃爽　图/Anna

纳瓦霍人 二战中创造奇迹的风语者

风语者纳瓦霍人活跃在二战战场中,冒着枪林雨弹一次次严密正确地传递情报;二战后,他们满身伤痕,最终选择回归原始,让生活归于平静。

北纬35°、西经108°,时而干涸,时而疯狂的格兰德河与圣胡安河宛如两个调皮的孩子,为这个北美洲中部的区域营造出一种异常恶劣的环境。然而就在这样恶劣的环境中,偶尔能看见一两个村落,这些村落或是直接改建自悬崖洞穴,或是在半圆形谷地中修建。与村落遥遥相望的是一片片玉米田和干净清甜的水源。这里就是纳瓦霍部落的聚居地。

纳瓦霍人部落的形成过程,可以说是一场不知疲倦的阵地转移过程,他们原本是居住在加拿大西部的游猎部落,大约13~16世纪时从那里南下,迁移到现在美国亚利桑那州东北部、新墨西哥州西北部、犹他州西南部以及科罗拉多州西南部一带。由于美军的武力胁迫,在1863年还进行过一次从居住地到新墨西哥东部的流放式迁徙,被迫离开家园的纳瓦霍人心里,刻满了无奈、愤恨以及漫漫长路的奔波劳累,最终变成经年不逝的伤疤。

说起纳瓦霍人,就不得不提他们在二战中创造的军事密码奇迹。当时美军正在为密码几次三番被日军破译苦恼，偶然间发现了纳瓦霍人的语言系统。这个当时只有28个非纳瓦霍人能明白的土著语系非常完整，虽然这种语言没有文字，只依靠纳瓦霍人口口相传，但是那仿佛风中野兽嘶吼般的发音让美军如获至宝。美军利用这个土著部落的语言，研制了一部军用密码，在战场上大显神威。从此以后，纳瓦霍人被赋予了风语者的名字，部落中很多成年纳瓦霍人为了更好地生活，而义无反顾地加入了风语者的行列。但是，纳瓦霍人在二战后的命运却非常悲催。美军为了所谓的军事机密，屠杀了大量的风语者，活下来的纳瓦霍人在经历一道道伤痕后，终于选择了回到远离世俗的地方，过着他们曾经淳朴的生活。

　　成年纳瓦霍男子几乎会把他们所有的劳动之余的时间都用在参加宗教仪式上。在他们看来，雨露、庄稼和生命都是神灵的赐予，宇宙间的万事万物都是神的福祉，参加仪式便能具有超自然的强力。纳瓦霍人的神话说，人是来自地表以下的各个世界。这当然是一种有趣而新颖的说法。纳瓦霍人的宗教仪式很复杂，除了唱祷词或颂歌，还要用花粉或花瓣绘成一种乾（沙）绘。画面上往往都体现了纳瓦霍人的世界观和对神与自然界的认识。有时，数百甚至数千名纳瓦霍人聚集在一起，跳着寓意深刻的舞蹈，表演着精彩纷呈的节目，场面壮大而宏观，就像是一场盛大的节日庆典。在纳瓦霍人的仪式中，有一首

如今，风语者们独守他们自己的保留地，历史的伤痕在岩石下的村落中慢慢归于平静，如风的语言每一次回响，都在悼念……

《制燧石圣歌》。燧石是纳瓦霍人在祭祀时所用的一种石器制品。这首圣歌的歌词包含了无数大自然的元素。语言学家们在歌词中找出了纳瓦霍人信仰中的一些对应关系：鹤——天；红色鸣鸟——太阳；鹰——山；隼——岩石；蓝色鸣鸟——树；蜂鸟——植物；玉米甲虫——大地；苍鹭——水。当外人疑惑为什么对应着大地的是玉米甲虫，而不是别的东西的时候，其实望一望纳瓦霍人保留地中，那些与村落遥遥对应的玉米地，便会了然于心。纳瓦霍人的生活中，玉米绝对是非常重要的东西。对这些淳朴的纳瓦霍人来说，大地是生长出玉米的母亲，玉米是他们赖以生存的粮食，甲虫会毁坏玉米。

纳瓦霍人繁杂的宗教仪式的唯一目的就是向上天求雨，制作"燧石"也是为了求雨。他们生活的环境干涸，雨水对于他们来说便尤为重要。出于对雨的渴求，他们便把雨作为了神的象征。纳瓦霍人甚至认为只要虔诚地祈祷，死去的族人也会在雨后复活。所以，每当天空云雨翻腾

纳瓦霍妇女们制作的精美饰品，带着淳朴的原始风味，成为了纳瓦霍人换取生活品的一种商品。

的时候,大人们总会对孩子说:"你看,那是你们的祖辈回来了。"当天旱无雨时,部落的祭师便会在祭台上端坐8天,祈求呼唤来雨。

除了祭祀以外,纳瓦霍人另外一个重要的工作就是想办法让部落中的人口增长。与其他原始部落相比,纳瓦霍部落男人和女人之间显得更为平等;或者说,女人才是婚姻关系中的主导者。在纳瓦霍人的文化中,他们认为结婚或者离婚都是别人的家务事,部落中的其他人不会干涉,更不会对夫妻之间的离合悲欢提起任何的兴趣。当男孩决定向女孩求婚时,便像平常拜访一样到女孩子家中去。他会先尝一尝摆在他面前的食物。然后,女孩的父亲便会对男孩讲他同每个造访者都要说的话:"你来或许有事。"男孩说:"是的,我为您女儿而来。"接着女方的父亲会叫来女儿:"我不能替她说,让她自己说吧。"要是女孩愿意,女孩的母亲便会走进隔壁房间,铺好小床,让男孩同女孩进房歇息。第二天一早,女孩替男孩洗头发,表示他们愿意一起生活。4天后,她会穿上最漂亮的衣服,提着一大篮子精制玉米粉来到婆家,表示愿意和她的儿子一起生活,然后再回到姑娘家里,

在庆典的时候,他们会找出最漂亮的饰品,穿上最华丽的衣服,像他们的祖先那样,祈求风调雨顺。

女人们制作弓箭，男人们带着这些弓箭外出狩猎，淳朴的生活气息洋溢在纳瓦霍人的村落中。

044 纳瓦霍人

开始过正常的夫妻生活。

　　对于纳瓦霍的男人来说,能和妻子生活在一起,是一件非常有尊严的事情,所以,对待他们的妻子,男人们通常都非常温柔细心。但是,就算如此,纳瓦霍的女人们也掌握着绝对的婚姻权利。因为纳瓦霍部落中的女人比男人要少得多,所以离婚后,女人们想要再找丈夫非常容易。当妇女确信自己不能和丈夫生活在一起的时候,就把丈夫放在天窗顶上的财物集中起来,摆在门槛外。晚上,丈夫回来,看到这小小的包束,会拾起来,放声痛哭,然后带着它回到母亲家里。

　　如今,带着"风语者"这样一个美丽的别称,纳瓦霍人在他们保留地上安稳地过着属于自己的日子,勤劳而努力地生存着。而作为风语者的那段伤痕累累的岁月让这些善良的纳瓦霍人有了一种避世的心理,他们更愿意过不被打扰的生活。对于未来,相信纳瓦霍人的神会伴随着一场又一场虔诚的仪式给他们一片真正的世外桃源……

文/魏阳　图/David

自给自足的生活让纳瓦霍人过着世外桃源的生活,连小孩子也会织布裁衣。

达尼人 从石器时代走来的遗民

部落的男性不穿衣服,以一种葫芦或其他植物做的"高戴加"套住生殖器,高高耸立胯间;家中每有亲人去世,女人们就要砍断一截手指来纪念,直到十指砍完;他们将死者的遗体通过烟熏的方式制成木乃伊……

新几内亚岛是太平洋中最大的岛屿,它的西部属于印度尼西亚的巴布亚省。西部高原的西伊里安地区的一个叫大溪谷的地方,生活着50 000多达尼人,他们至今依然处于石器时代。层层的雨林把达尼人与外界的文明完全隔开,也如同一个保护罩,把达尼人石器时代的文化习俗保存到了今天。

西伊里安地区是典型的高原地形,这里的自然条件比南部更加恶劣。在险恶的山地和茂密的丛林中,潜伏着无数的危险。雨林中,成片的未知沼泽、凶猛的野兽不知道吞噬了多少鲜活的生命,甚至蚊虫、蜘蛛的一口叮咬都有可能带着致命的毒素。

然而,就是在这样一片凶险的丛林中,聪明的达尼人学会了养猪和种植红薯、香蕉,建设起自己的温馨家园。百年来达尼人从未离开过这片森

大溪谷的夕阳温暖地普照在达尼人的村落中,劳作一天的达尼人回到他们家中。茅草编织的圆屋子虽然简陋,却让这些淳朴的人们有了温暖的港湾……

林,漫长的雨季、凶猛的野兽、危险的毒虫,都是他们日常生活中的常客……

在雨林中稍微平坦一些的地方,达尼人建立了自己的村庄。一个个简陋的茅草屋就是达尼人栖身之地。达尼人的茅草屋大多建成圆形,这种建筑在达尼语言中叫做"豪奈(honi)"。豪奈用茅草制成圆锥形的屋顶,屋内用树干支撑着屋顶,四周用木料做成简陋的墙,再开一个矮小的门。屋内的陈设更是非常简单,房间的角落铺着一片草,这就是达尼人的床。达尼人的居住习惯很特别,并非按家庭而是按性别居住。女人们住在自己的豪奈中,男人们住在其他的豪奈中;部落的头领,则有自己的一间豪奈。儿童和母亲住在一起,成年以后再按性别住进不同的茅草屋。

对于达尼人来说,最重要的莫过于红薯,他们几乎每顿饭都离不开红薯。虽然他们也吃猪肉,但是显然猪肉要比红薯宝贵得多,所以只有在节日的时候才可以杀一头猪来庆祝。达尼人做饭的方法十分独特,他们先将一块大石头用火烧红,把红薯、香蕉等食物切成小块儿,再用香蕉树的大叶子把食物包裹住。然后把食物放在预先准备好的石头上,再用茅草覆盖好,靠石头的热量把食物烤熟。不一会儿,食物的香味就会从大叶子和茅草中飘出来,红薯的香甜气息再加上树叶被烤热的味道,在阴暗的丛林中,这是多么温暖的享受!

048 达尼人

男人们从来都不穿衣服,他们用植物制成的"高戴加"保护着生殖器,打猎的时候,他们还会在头上装饰着羽毛。

达尼人石器时代的生活方式在现代人看来完全算得上是"活化石"。达尼男人不穿任何衣服。他们全身上下唯一能算得上服装的,只有一个叫"高戴加"(Koteka)的东西,这是一种用葫芦或者其他植物制成的腔管,达尼男人把它套在生殖器上,以便在丛林里打猎时起保护作用。除了高戴加,男人们还会佩戴羽毛制成的头饰。部落中的女人用兽骨和植物纤维编成绳子,让男人们围在头上,再插上两根漂亮的鸟类羽毛。通常部落头领的头饰最漂亮,丛林中最美丽的飞鸟——极乐鸟的羽毛是首领专用的羽毛,除此之外,首领还会在两根极乐鸟羽毛旁边插满鸟类短小柔软的绒毛。

达尼女人的服装与男人相比就要复杂得多了——当然,这个"复杂"只是相对部落的男人而言。女人们上身赤裸,下身穿一个草裙或者用树皮纤维织成的短裙。蓬松的草裙以及她们喜欢披在头上的彩色麻布相得益彰,展示出这个部落独特的美丽。

来到达尼人的村庄,可以看到很多断指的达尼女人。因为在

每当家里有亲人死去,女人们就要砍断一截手指,所以年老的妇女常常双手残缺不堪。女人们习惯赤裸着上身,穿着草裙。爱美的姑娘们还在头上围鲜艳的彩布。

达尼人

达尼部落的风俗中,每当失去一个亲人,达尼女人们就要砍掉手指的一截,直到十个手指头都仅仅剩下一截。由于达尼人处于石器时代,并没有锋利的工具来切断手指,只能用石斧来斩断女人的手指;与其说是斩断,毋宁说是捶碎——将手指捶成鲜血淋漓的碎末,相当残忍。手指切断后,她们会用草药包裹手指,帮助伤口愈合;但是在卫生条件很差的雨林中,这种方法依然无法完全避免伤口的感染。即使家中没有亲人去世,也几乎没有任何一个达尼女人拥有健全的十指,因为在她们一出生,他们的父母就会把她们的小拇指砍掉一截。当地人迷信,只有这样做女孩才能活得长久。除了切断手指,为了表达对亲人的怀念,达尼女人会在亲人去世后,用泥巴涂满全身,看上去就像黄色的皮肤。

大多数土族部落都有祖先崇拜的习俗,但是达尼人对祖先崇拜的方式令人相当震惊。他们把几百年前祖先的尸体制成木乃伊,这些木乃伊至今依然放在部落头领的茅草屋内。每当有节日和祭祀,头领都会把木乃伊拿出来,供族人膜拜。这些已经有两三百年历史的木乃伊,大多是双手抱膝的姿势,头上戴着的羽毛依然颜色艳丽,祖先的

达尼人的村落祥和宁静,蓝天白云下,茅草修建的尖尖的小屋子,看起来也仿佛带着石器时代的氛围。

面容安详，就像深睡着一样。与埃及人制作木乃伊不同，达尼人不对祖先的遗体做任何的解剖处理，当时的族人在部落头领死后，将头领的遗体放在烟上熏制，遗体的水分蒸发干以后，头领的遗体就可以永久保存下去。直到今天，遗体摆放在部落头领的房间正中央，没有任何的防潮措施，依然可以保存。在祭祀活动上，达尼人会把制作好的丰盛的猪肉等食物摆在祖先面前，然后对祖先进行膜拜，最后还会围着祖先的遗体欢快地舞蹈，感谢祖先的保佑。

现代社会开始一点点渗入这片森林，达尼人与外界的交往也慢慢增多。从石器时代到现代文明，外部世界的人类用数万年走过；而在达尼部落，这条路也在慢慢展开。过往时代的达尼人是好战的部落。他们用简单的武器征服丛林中的其他部落，将敌人的战士虐杀，抢占他们的村庄。如今，在达尼人聚居的西伊里安地区，虽然没有公路和铁路，但政府在当地修建了小型机场。随着越来越多的游客进入这一地区，受到游客尊敬的达尼人也变得更加热情好客。每当有游客进入他们的村庄，很多热情的达尼人会主动与他们握手。在这种原始与现代的交融中，达尼人依旧守着他们的习俗和先祖流传下来的信仰，过着纯粹的日子……

文/孙海杰　图/Oksana

森林中美丽的极乐鸟色彩艳丽的尾羽，是达尼部落首领才可以用的最高贵的装饰品。

隐居在芦苇与湖泊中的 乌鲁人

的的喀喀湖是芦苇的世界,芦苇是乌鲁人的家,为他们遮蔽风雨,以及外面世界的烦扰。除了没有翅膀外,乌鲁人的快乐跟芦苇中的一只水鸟没什么不同。

相传在600年前,一群居住在安第斯山脉的土著人,遭受到强大的印加部队的残酷追杀。他们逃出大山,来到一个广阔的大湖边。追兵的呐喊声紧紧追在他们的身后,在无路可逃的情形之下,首领带着人们冲进了湖中,隐匿进茂密的芦苇荡中,追兵们一个个都是旱鸭子,只能待在岸上干瞪眼。湖面宽广无比,难民们怎么游也到不了尽头,急中生智之下,他们砍下身边的芦苇,做成坚固的筏子。有了可供休息的筏子,就不至于耗尽体力或在寒冷的湖水中受冻。后来,这群人再也没有回到陆地上,他们把芦苇筏子连成篮球场大小的一片,组成了一座座"浮岛",岛上铺上干芦苇供人行走,建起放哨用的瞭望塔,搭起芦苇屋居住,饿了就下水打鱼,难民们终于重获自由。从此,他们就这样生息繁衍了下来……

这座位于秘鲁和玻利维亚交界处,有着两个青海湖面积宽的巨大湖泊就是有着"高原明珠"之称

乌鲁人生活在的的喀喀湖上，芦苇是他们的一切。芦苇的浮岛、芦苇的美食，以及两头尖尖的芦苇小船，都是他们生活的依托。蔚蓝的湖水漾起波澜，小船优雅宁静仿如另一方天堂中的轻舟……

的的喀喀湖。那个在这方水域和芦苇丛中躲过战乱，顽强地繁衍生息下来的部落就是乌鲁人。

的的喀喀湖海拔3812米，是南美洲海拔最高、面积最大的淡水湖。8330平方千米的湖面清澈如镜，倒映着蓝天白云。的的喀喀湖还是南美洲印第安人的文化发源地之一，在湖中交相辉映的太阳岛和月亮岛上，还留存着昔日宫殿、庙宇和古城的遗址，离湖边不远的高原上，还有闻名世界的恢弘奇迹——太阳城蒂亚瓦纳科。关于的的喀喀湖，在当地的乌鲁人部落中有一个类似中国梁祝的传说。伊喀喀是美丽的水神之女，她爱打鱼的贫穷青年的的托，水神却不同意他们的婚姻，并且残暴地卷起湖水将的的托淹死。伊喀喀悲痛欲绝，化成湖水，温柔地陪伴着变成山丘的的的托。从此，人们就将两人的名字组合在一起，把这片湖泊命名为的的喀喀湖。千百年来，土著居民们日复一日地讲述着他们的爱情故事。

的的喀喀湖是芦苇的世界，芦苇是当地人的家，为他们遮蔽风雨，以及外面世界的烦扰。"除了没有翅膀外，"当地人会这样指着隐没于芦苇丛的水鸟告诉你，"我们的快乐，跟鸟儿有什么不一样呢？"世界上也许只有这个部族把芦苇的功用发挥到了极致，除了用芦苇造"浮岛"、建造房屋，族人们还用芦苇编织成小舟，用它作为交通工具或者帮助捕鱼。新鲜的芦苇还是上好的鸡饲料，安第斯山里的居民饱受甲状腺之苦，但水上的乌鲁人却因为有了富含矿物养素的芦苇秆，得到了健康，所以乌鲁人又称之为"救命草"。

踏上乌鲁人还带着泥土清香的芦苇浮岛，脚下有些晃晃悠悠，不用担心，这种由一层层密密匝匝的芦苇编制起来的浮岛有1.5米厚，最底部用芦苇秆和泥土固定，十分牢固，行走者绝对不会轻易陷下去，平时，乌鲁人还会铺上新的干芦苇草更新。走在软绵绵的浮岛上，脚下轻盈自在，好像到了一只特大号的摇篮里，飘飘荡荡之中，享受和自然的亲近，仿佛重拾了儿时的童趣快乐。在1986年的时候遇上的的

幽蓝的湖面上，乌鲁人用芦苇编制的浮岛，金黄耀眼。停在浮岛边上的小船精致而华丽，点篙离岸，似乎就进入了另一方天地。

乌鲁人的生活中最离不开的就是芦苇，他们生活的地方是芦苇编织的浮岛，住的是芦苇搭建的房子，出门也需要芦苇编织的小船。

喀喀湖水暴涨，几十个芦苇小岛顺水而下，载着乌鲁人漂到了很远的地方，直到水退之后才漂回来。后来乌鲁人把浮岛连接成片，以免再次被大水漂走。

乌鲁人生存能力坚韧，生活所需就地取材，浮岛上没有土壤，无法耕种蔬菜瓜果，他们就捕鱼、采摘鲜嫩的芦苇食用，圈养家畜，三餐照样荤素齐备。芦苇草船是乌鲁人的特色交通工具，船头形似龙，有的船高达两层，这看似玩具的草船在湖里航行却十分平稳——草船既轻巧、浮力又大。一艘芦苇船能容纳八九个人。在风和日丽的午后，坐上芦苇船，摇着船桨或者随波荡漾，观赏着的喀喀湖的自然美景，享受着摇篮一般的芦苇船，没有刺耳的汽笛和马达声，只有水天一色的好风光和充盈在空气里的芦苇清香……

男人们每天捕鱼，老人们熏鱼，女人们终生待在这半个小时就能逛完的浮岛，每天照顾孩子，和家畜为伴，晒晒芦苇草、编编手工艺品，这就是乌鲁女人生活的全部。虽然条件简陋、生活艰苦，但她们却甘之如饴、自得其乐，所以一个个都长得肥胖而黑亮。那些身着彩衣的乌鲁妇女的手指间，薄薄的芦苇丝上下翻飞。编制一只芦苇船大概需要12吨芦苇，却只要8小时就可编成。

女人们在家编制芦苇船，男人们趁着一天彩霞出门去打鱼。鲑鱼是的的喀喀湖的特产之一，这里的鲑鱼肉质鲜嫩，尝起来齿颊留香，是乌鲁人招待客人的特色菜。男人们驾驶着芦苇编制的"淘淘拉"，像快乐的鸟穿行在芦苇丛里。在打鱼的间隙，他们"呼噜、呼噜"地和水鸟打招呼。生活，就这样简单而快乐。

有时，他们也把鱼拿到离岸边不远的普诺集市上贩卖，换一些生活必需品回来。乌鲁人卖鱼很有意思，他们计量不论斤两，不像"文明人"那样斤斤计较，而是以"掌"为单位，一掌五指，五个五个卖，不但价格便宜，还常常送一两"掌"鱼给那些大量购买的顾客。在普诺集市上，乌鲁人的鲑鱼总是很畅销。

乌鲁人生火做饭的时候特别小心，生怕一不小心就把家园付之一炬。除了鱼类，乌鲁人日常饮食还有薯仔和粟米，他们把石灰和薯仔

煮成粥，说这种粥既能填饱肚子还"美味极了"。萝卜、米花、通心粉以及米饭算得上是乌鲁人最好的饭菜了，这些一般都是在集市上换回来的，在节日里或者招待客人的时候才肯拿出来。

受到外部世界的影响，一些乌鲁人已经走下了祖辈生活的芦苇浮岛，上岸到周围的小镇上开始新的生活，传统的水上人家也用起了电视、收音机和太阳能热水器等现代化设备。秘鲁政府把剩下的乌鲁人以浮岛为单位划分了行政村，在村子里兴建学校以及诊所，如今的乌鲁人生活水平有了很大程度的提高。不过，无论他们过着怎样的生活，无论他们身处何方，未来将走向何处，乌鲁人那如芦苇般洁净的心灵，将永远停留在蔚蓝深邃的的的喀喀湖上，随风飘动……

文/吴肃爽
图/Paul

像小鸟一样快乐的乌鲁人，永远也不会离开他们的芦苇浮岛。阳光灿烂的时候，他们穿着艳丽的服装，看着的的喀喀湖美丽的风光，小船就停在家的附近。

潜藏在亚马逊密林深处的 食人部落

亚马逊宁静的丛林里,他们把俘虏架在篝火上烤熟分食,人脑献给首领,战士们分享手足和内脏。之后他们跳起舞蹈,火焰照亮他们的欢乐。

500多年前,哥伦布的船队发现了美洲大陆。他们沿着亚马逊河道逆流而上,在这片世界上流量最大、支流最多的流域中感受着多雨潮湿的热带雨林气候。亚马逊河中隐匿着凶猛的食人鱼和鳄鱼,丛林里潜伏着猛兽、巨蟒和有毒的蜥蜴。然而这些都没能阻挡冒险者的脚步,他们穿过层层危险来到了流域上游的尼格罗河畔。

岸上就是传说中食人族部落的聚居地了!这些令人恐怖的土著部落居住在圆顶的茅屋里,四周没有墙壁,只用柱子支撑起来,看上去像一个个凉亭。人们习惯睡在吊床里——据说这样能更方便更快地应对野兽或敌人的袭击。食人族部落的男人们高大健壮,一身古铜色的皮肤在阳光下发亮,他们是部落里英勇的战士,头上戴着圆顶的毡帽,装饰上鲜艳的羽毛,脸上涂着黑白的油彩,只在下身穿着遮羞布,手持长矛或者弓箭;女人们身着漂亮的草裙,戴着用动物牙齿或贝壳串成的项链,孩子们

S形的亚马逊河滋润了这个世界上最美丽神秘的雨林,南美洲的这一片绿色,吸引了无数探险家,我们无法计算这里到底有多少种生物。

大多赤裸着身体，欢乐地奔跑嬉戏。一切看上去都和普通的土著部落村庄一样祥和平静。

这一切都让哥伦布怀疑：自己听闻的关于食人部落吃掉战俘的事是子虚乌有吗？他来到亚马逊流域的时候，就听见当地人诉说在丛林的深处有着吃人的部落——加勒比人。但是因为他不明白当地的方言，所以把Caribbean听成了Cannibal（食人族）。关于加勒比这个名称的来源，早已经成了谜题，而加勒比人有多少分支，从什么地方来，也没有人说得清楚……

虽然哥伦布和他的船员们很幸运地没被吃掉，但是加勒比人的确有吃人的传统。食人风俗最早源自部落之间的战争。战斗结束后，胜利的一方载歌载舞，将战败部落的首领五花大绑地抬回聚居地，双手反剪着绑在柱子上，战士们燃起篝火——食人仪式就要开始了。受难者将在完全清醒的状态下先被剥开全身皮肤，然后血淋淋地架在篝火上，等待烈火烤熟肉体。然后人脑会被献给部落的族长，被视为是权力和地位的象征，手脚是人肉的精华部分，由部落战士们享用，躯体才由妇女和孩子食用，通常受难者的内脏器官也不会被浪费，食人族妇女将内脏熬成汤给孩子喝。在食人族看来，人肉是神的食物，吃人肉象征着和神交流，是一件神圣的事情，所以整个过程伴随着庄严的

走进亚马逊的密林，也许你还在感叹这里的一切都那么的美丽。这片步步危机的丛林中，为了一个部落的猎物，便成为了一个部落的猎物，食人族那双寻觅猎物的眼睛也许就藏在水岸边的绿树下……

食人部落

兽骨穿过食人部落勇士们的鼻孔,狰狞得如同怪兽,他们手里的利器除了会对准丛林里的野兽,也会对准入侵他们部落的人!

仪式。等待食人结束后,部落的战士们还要披上死者的人皮,将其手骨系在腰间,视为是勇气和力量的装饰。食人更是一种严酷的惩戒,一些不守族规、屡错屡犯的部落成员,会被勇敢的部落战士杀掉食用。食人只有在食物匮乏、天气恶劣,人们难以猎取到足够的食物充饥时,才会变得严重。每到这时,外来人一律会被视为猎物吃掉,而在一般情况下,部落里并不食人。

丛林外的文明世界发生着天翻地覆的改变,哥伦布和他的航海故事早已成为传奇;而在亚马逊丛林,除了密林最深处的个别分支,对大多数食人部落来说,吃人的习俗也悄然发生了改变……

1925年，一支名叫"图帕利"的食人族部落人丁兴盛，分布在9个村落里，共计2 000多人口。但因为部落里杀人吃人盛行一时，短短20年间，部落人口锐减到180人，其中90%以上的人是被吃掉的。此时一位名叫阿贝托的年轻村长站出来，召集了村长会议，大家共同重新制定了有关食人的族规，明令禁止随便吃人，这才使得部落得以长久发展至今。

20世纪初，一种名叫"苦鲁（kuru）"的疟疾在食人族部落蔓延开来，患病者身体剧烈地颤抖，头部无法控制地来回摇摆，不时发出怪笑，严重者无法进食，几个星期后，死亡便降临……后来经一位澳大利亚医生研究发现，这是一种类似于帕金森综合征的退化性脑部疾病，病因源于死者大脑中病毒经肉食传播开来。

一方面致命疾病的肆虐和食人所带来的部落人口减少阻碍了食人族部落的发展，另一方面随着捕猎工具的进步可以猎取到更多的猎物，人们也开始开垦丛林种植蔬菜水果、养殖家禽，有了充裕的食物储备，于是食人慢慢被人们遗忘。在20世纪50年代后，食人部落彻底停止了食人习俗。

那些令人毛骨悚然、森然可怖的食人习俗和仪式终于远去。不过有族人声称：在密林深处仍存在着食人习俗的原始食人族，他们与外界几乎没有往来。虽许多地方的食人习俗已经成为历史，但食人部落的风土人情依旧流传了下来。

在食人族部落里，成年男人要比的不仅仅是狩猎技术，家里有多少妻子也是族内政治地位和威望的标志。食人族的婚俗里，允许"一夫多妻"制，多一个妻子意味着在部落里多一个"联盟代表"，能在重大部落会议里有更多的权力，家庭里也多一份劳动力。妻子们很乐意为了扩大丈夫的权威和地位而努力，所以在食人族部落里，一对姊妹嫁给同一个男人是很司空见惯的事。更有意思的是食人族里的纯女性部落常向有男人的部落发动"战争"，掠走别的部落里强壮聪明的男人来传宗接代，带回来住一些时间后，再把"战俘"们放回去，每当女性部落发动"抢夫"战争时，被抢的部落就假装"落败"，任由

本部落的男人被抢去。

食人族的孩子们来到这个世界很不容易，按照食人族部落的婚育习俗，在孕妇分娩之时，必须要在远离部落的森林里找一块空地，等到婴儿呱呱坠地，产妇强忍住分娩的痛楚用牙齿拼力咬断脐带，然后用事先准备好的新鲜树叶擦洗干净婴儿全身，整个过程全凭母亲坚强的意志力和忍耐力……等一切事情处理妥当后，母亲才能抱着新生婴儿回家，而此时部落的人包括丈夫在内都会对产妇十分冷落，刚刚经历分娩之痛的母亲会毫无怨言地放下孩子马上开始做家务。这种缺乏人性的婚育习俗给女人们带来过很多灾难：比如在生孩子的时候难产致死，或是遭遇猛兽袭击有去无回。现在一些比较开化的族人已经开始改变这一传统，孕妇的母亲可以在孕妇分娩时把女儿接回家去照顾直至孩子顺利出生，以保母子平安。

食人族对客人表示友好的方式极为特殊，当你来到食人族部落，会有面着彩色油彩的高大男子对你喊"托阿普"——那是族里有声望的男巫邀请你去河里洗澡。如果你很受族人们欢迎，一天之内要进行很多次"托阿普"。在食人族看来，赤裸全身意味着卸下了防备，代表赤诚相见、以诚相待。

如今的加勒比人远离了食人习俗的腥风血雨，勤劳的族人们守在静静的尼格罗河畔生息繁衍，愿这片土地庇佑这虔诚的人们。

文/吴肃爽　图/Sergey

摩梭人 "东方女儿国"的玫瑰

她们被誉为东方的最后一支玫瑰,她们没有所谓婚姻的束缚,一生简单爱恨。当篝火下跳起阿夏舞,便是爱情的开始。

天高云淡,远山环绕,在中国云南与四川接界的美丽的泸沽湖,湖水清澈如镜,一艘艘小船在湖面穿梭荡漾,划开层层涟漪。千百年来,摩梭人便生活在美如仙境的泸沽湖畔。山灵水秀,养育了摩梭女儿们温婉清灵的性情。摩梭女儿们犹如天籁的歌声,响彻天地。摩梭人保留着中国最后的母系社会体制,因此又有"女儿国"之称。

摩梭人自古以来就定居在美丽的泸沽湖畔,具有非常悠久的历史。早在西汉元鼎六年,即公元前111年,就已有了关于摩梭人的文字记载,至今已有2 000多年的历史。摩梭人有自己的语言,但没有文字。尽管云南的摩梭人被划分为纳西族的分支,四川的摩梭人被划分为蒙古族的分支,但经过千百年的发展,摩梭人早已形成了独特的摩梭文化,与纳西族和蒙古族文化大不相同。

走进泸沽湖,美景让人陶醉,而摩梭人的歌舞,则给这片美景添上了点睛之笔。摩梭人个个能歌善舞,高亢嘹亮的《丧葬调》、婉转的《摇篮曲》、欢快喜悦的《赞美格姆女神歌》,还有《阿哈巴拉》、《玛答打》、《打麦调》、《绩麻调》、《甲搓括》(即《打跳曲》等等),摩梭女儿的天籁之音是这片土地的灵魂,那歌声如黄莺出谷,唱开了高天阔地,唱得人心旷神怡,唱出摩梭女儿的灵秀,唱出泸沽湖的多情。

舞姿粗犷、节奏刚健明快的"甲蹉舞",是摩梭人最常跳的舞蹈之一。"甲蹉舞"又俗称为打跳,"甲"为美好之意,而"蹉"便是跳舞的意思。每到节日,热情爽朗的摩梭人便围着篝火,跳起令人畅快淋漓的甲蹉舞,而青年男女,也借此时机,互表情意,结交"阿夏"。

母系氏族社会,大多数人对这个词汇的了解,多半是来源于历史课本。在短短几句话的介绍中,人们对母系氏族社会的印象,便定刻在"原始社会"这个模糊朦胧的概念上。泸沽湖畔的摩梭人,在21世纪的今天,仍保留着母权制家庭形式,因此被人们称为"神秘的女儿国",这是母系社会形态的活化石,吸引了大批的中外学者和游人,前来探索神秘而又悠远的摩梭文化。

摩梭人依山傍水而居,以木为材建造房屋,当地把摩梭人的房屋俗称为木楞房。这样的房子被称为"祖母屋","祖母"在摩梭语中,即是"大"的意思,所以又被称为"家屋"。祖母屋由两根柱支

泸沽湖把她的柔美坚强也给了摩梭的女儿们。围绕着泸沽湖,姑娘和心爱阿夏的爱情从欢乐的篝火和舞蹈开始。

撑，分别代表"男柱"和"女柱"，表达摩梭人男女平等的文化观念。男柱和女柱必须由同一棵树作为原料建造而成，女柱代表根，男柱代表干，象征着"女本男末"。在祖母屋中有"火塘"，火塘中的火是家族命脉的象征，因此是万万不能熄灭的。家中举行重要仪式或者聚会，都在火塘前进行。

摩梭人男性称呼女朋友为阿夏，而女性则称呼男朋友为阿注。若是男女双方都同意结为情侣，那么男子夜晚去女阿夏的花楼住宿，清早回自己母亲家生产生活。这样的婚姻制度被称为"走婚"。

由于受到外来文化的影响，一些摩梭部落与其他民族杂居通婚，施行普遍的一夫一妻制，唯有永宁摩梭，还流行着古老的"走婚"习俗。走婚的男性和女性均不结婚，除非是家族需要女性继承人，或者是男性劳动力，才会娶妻或招婚。青年男女通过日间的集体活动，或歌唱、或舞蹈，向自己的心上人表达心意，若是心上人接受了自己的情意，在二人均同意之后，便可进行"走婚"。男子在半夜时到女子居住的"花楼"，这是成年摩梭女生的房间，独立于家庭成员共同居住的祖母屋，即"家屋"之外。传统上，男子会骑马前往花楼，但不

勤劳的摩梭女儿几乎每个人都有一双灵巧的手,她们既会织布,也会为自己做出漂亮的头花。在美丽的泸沽湖上,姑娘们划着小船,唱起摩梭的歌谣。

泸沽湖上，走婚桥映着蓝天碧水，姑娘和小伙子的爱情就从走过这座木桥开始。

能从正门进入花楼之内，而是要爬窗进入。然后再把帽子挂在门外，表示两人正在约会，其他人不要打扰。走婚的男子需要在天亮前离开阿夏的花楼，这时可以从正门离开。若是在天亮之后，或者女方家长起床后再离开，就会被视为无礼。

走婚的男女双方结合，与经济财产等一切外界条件无关，只要双方情投意合便可，家人也不会干涉。这种走婚，完全是建立在感情基础上的。二人走婚后生下的子女由女方抚养，男方不需要负担，但父亲和子女都知道彼此的亲子关系。走婚的男女若是感情不和，由双方家人见证后即可分手，分手后仍可自由与他人进行走婚。

在摩梭人的家庭中，母亲的地位极高，可以说是主宰一切，家庭成员全部都是母性血缘的亲人，没有父亲血缘的亲属。女性家庭成员有着极其崇高的地位。家庭里的成员都是一个母亲或祖母的后代，家庭中男不娶，女不嫁，女子终生生活在母亲身边。因此，在摩梭人的家庭中，没有翁婿、婆媳、妯娌、姑嫂、叔侄这样的关系。家庭中的男性抚养自己姐妹的子女，而自己的子女则同样由母系亲属共同抚养。子女也会称自己母亲的姐妹为"妈妈"，彼此不分亲疏，姐妹的孩子也同样是自己最亲的孩子，对父亲也会以"舅舅"相称，家庭关系极为和睦。

摩梭人的家庭中，自古就流传着"舅掌礼仪母掌财"的说法。家庭中的喜庆祭典，或者大宗交易、买卖等，除婚姻爱情以外的社会活动，都由家庭中的舅舅或者其他有能力的男性家庭成员主持管理。但家庭财产的保管、使用、生产生活安排、一般的家务及接待宾客等事务，则由母亲或者家庭中其他聪明能干又有威望的女性做主。摩梭人有句格言，叫做："天上飞的鹰最大，地上走的舅舅最大"，从这句

以泸沽湖为母亲的摩梭人，自然离不开湖面上行来过往的猪槽船。摩梭人撑着这些小船走过一代又一代。

每座摩梭庭院里,最大的房间总是留给当家的祖母,主屋中布置着神龛和火塘,姑娘们和"阿夏"住在二楼的房间,屋子布置得温暖浪漫。

格言中不难看出,在母系社会中舅舅的地位也是极为崇高的,男女之间不存在尊卑关系,彼此平等,互尊互敬。

在母系家庭中,所有的家庭成员都是同一母血的血缘亲属,崇母观念在摩梭人的心中早已根深蒂固,家庭成员之间亲切和睦、尊老爱幼、礼让谦恭。摩梭人从小就温柔热情,举止端庄规矩,养成了男子豪爽重情义,女子多情内敛,且温柔端庄的性情。在这样的文化熏陶下,即便一个家庭多达十几、甚至几十人,也极少有分家的情况发生。在摩梭人的观念中，分家就意味着对长辈老人的不尊敬，意味着财产纷争，这是极为可耻的事情，会受到族人的鄙视。所以，在这样一个人员众多的大家庭中，孩子们被众多的母亲、舅舅关爱呵护，而老人们也会被子女家人照顾，安度晚年，享受天伦之乐，整个家庭都充满了欢乐祥和的气氛。

在现今社会，不管是中国，还是外国，家庭暴力、虐待老幼之事时有发生，本应幸福的家庭常常成为"战争"场地，但在泸沽湖畔的摩梭人，却保留着古老而美好的母系家庭关系，被赞誉为"东方母系文化家园的最后一朵玫瑰"。

文/董英男　图/Sergey

美丽的泸沽湖是摩梭儿女的母亲，围绕着风情万种的湖面，一栋一栋漂亮的小楼组成的村落里，摩梭人幸福而快乐地生活着。

马拉维人 他们的美食是白蚁田鼠

春天和夏天，白蚁开始繁殖，马拉维人也开始停下所有农活，开始休闲而自在地干着保护村庄里白蚁的"工作"。

从太空遥望地球，广袤的非洲大地宛如一个现代人的头骨，面朝东方，坐落在赤道之上。如果说幽蓝深邃的维多利亚湖是一道深深的眼窝，那么镶嵌在非洲大陆东部的马拉维峡谷则宛如一道饱经沧桑的疤痕。被誉为"内海"的马拉维湖风景如画，四季如诗。"马拉维"一词在奇契瓦语寓意"火焰"，原指金色的阳光照耀在涟漪泛泛的湖面上闪烁着火焰般的光芒。马拉维人也正如一团熊熊火焰一般充满热情，他们耕种、打鱼、狩猎，他们舞蹈、歌唱，他们无比蓬勃地生息在这片热土上。

如果要选择一个关键词描述马拉维人的话，那就是温暖。尽管马拉维人很穷困，也许他们对待陌生人有时会有些敏感，但稍微熟悉之后，就会表现得像老朋友一样亲切。"只要你真心待我，我就会真心回报。"这是马拉维人世代恪守的为人处世信条。他们也正如这朴实的箴言一般，个性热忱善良，礼貌可亲，被外人盛赞为非洲的"温暖之心"。

最初，马拉维人只是非洲无数个部落中的一

马拉维拉的集市上,女人们带着孩子为家里采买物品。她们把盘子高高地顶在头上,里面装着新买的东西。

马拉维人的村庄中,小孩子们无忧无虑。他们最开心的时候就是白蚁繁殖的季节,每当这个时候,各种美味的白蚁点缀着他们的童年……

个,他们居住在维多利亚湖边,过着与世隔绝的日子。随着现代文明的不断入侵,1964年的时候,这个美丽的部落独立成为了一个国家,然而在马拉维村庄里,人们依旧居住在独具非洲特色的圆形茅屋内,过着简单原始的部落生活。这种茅屋用树枝编织起墙壁,再用抹泥固定,用香蕉叶和茅草做屋顶。别看材料简单粗糙,茅屋坚固耐用,在炎热的非洲气候里屋内清凉宜人。茅屋有大房小房之分,马拉维人尊敬长者,敞亮的大屋用来给老人居住和招待客人,狭窄的小房屋住年轻人和小孩。除了生活用品外,屋内只有一张睡觉用的草席。马拉维人生活简朴,日出而作日入而息,晚上9点左右村落里就静悄悄了。马拉维人穿着质朴却干净,他们对于服饰装束有着严格的讲究:男子不许蓄长发,女人不许穿衣着暴露的衣服,已婚女人忌讳穿长裤,裙子长度不得超过膝盖,奇装异束者甚至要被追究法律责任。

最值得一提的是马拉维人的饮食习俗,外地人来到马拉维,往往惊呼马拉维人的重口味,什么都敢吃——尤其喜食白蚁和田鼠。

在春季白蚁大量繁殖的时候,马拉维人在自家小屋桌上点起一盏油灯,不一会,有着趋光本能的白蚁便"飞蛾扑火"般纷至沓来,茅屋里像下起了一场白蚁雨。随便一扫就是满满当当一碗。马拉维人在吃上可谓费尽心思,花样百出:有些喜欢直接吃生白蚁,有些用油爆

白蚁繁殖的季节到来时,村庄里一片安宁,所有人都不会出去干活,而是积极参与到保护白蚁的工作中。

一下当做茶余饭后的零食;还有将白蚁晒干,用盐炒了当咸菜;或者把白蚁干和玉米面和在一起,蒸熟后浇上特制卤汁,这就是一道风味正餐了。为了能享用白蚁,马拉维人对于白蚁蛀蚀房屋家具并不当多大回事,不少农村甚至有个不成文的规定——春夏两季不干活,工作是护白蚁,因为这个季节是白蚁繁殖的季节。

　　除开白蚁,田鼠肉更是马拉维人口中的美味佳肴。马拉维人将田鼠风干或者腌制后穿成串沿街叫卖,销量十分不错,部分马拉维人甚至以贩卖田鼠肉为生。现在当地政府已经决定将鼠肉市场化,建立专门的肉鼠农场饲养田鼠,把鼠肉销往各大酒店餐厅和超市。如果有朝一日我们在商店里看见面目可憎的田鼠肉,不用怀疑,那一定是热情的马拉维人馈赠的礼物。

　　马拉维人热情淳朴,能歌善舞,每个马拉维村落都有一只锣鼓队。在祭祀婚嫁或者收获季节,他们会跳起象征着生命之光与活力的"面具舞","面具舞"也叫"大舞"。舞者的面具用木材和稻草做成野兽、神明幽灵或者奴隶贩子的形象,多反映马拉维人祖先的生活场景。舞蹈者多为马拉维年轻男子,他们和着韵律的鼓点,跳起欢快的舞蹈,通常还要配合动作大声叫喊。舞蹈动作简单却极富有激情,

马拉维人的村落中,房子总和天地接在一起,平时他们日出而作日落而息,看见田鼠就会抓起来作为一道佳肴。

马拉维人的村落中，女人们带着色彩艳丽的头巾。集市上有各种商品贩卖，金黄的烟叶也是马拉维人生活中不可缺少的一部分。

表达了马拉维人对祖先和自然的敬畏之情。祈祷祖先的庇佑和上苍的恩泽，也是马拉维人对于生活的不息向往。

素有"非洲礼仪之邦"的马拉维人是出了名的古道热肠。"我们可以贫困，但不能没有尊严和礼貌。"无论自家如何贫困，马拉维人总是保持着一份质朴的体面，即使是补丁衣服，也穿得干净利索。马拉维人和别人握手的方式很特别——他们用自己的右手握住对方的右手后，再用左手紧紧抓住自己的手腕。这种十分怪异的握手礼仪传递了马拉维人的诚恳和真诚，这种习俗在过去是为了证明两手空空没有任何利器。许多家庭里，主妇做饭都会刻意多准备两到三个人的量，因为主人时常会邀请客人来家里吃饭，即便是素不相识的陌生人在饭点时路过家门，马拉维人都会热情地款待。2009年邻国莫桑比克遭遇了严重的自然灾害，马拉维人慷慨地拿出自己的粮食帮助邻居渡过难关，事实上，那一年马拉维也粮食歉收。

对于外界的援助，马拉维人也用行动铭记在心。19世纪，曾

农活不忙的时候,男人们划着独木舟在河流中捕鱼,谁能说这不是马拉维人的幸福呢?

经有位名叫大卫·利文斯顿的英国医生率领探险团队走进了马拉维,从此便留在了美丽的马拉维湖边,为马拉维的医疗工作奉献了毕生精力。后来,马拉维人设立了利文斯顿纪念日,表示要世代铭记这份来自异国他乡的恩情。

在2007年,同样有着"礼仪之邦"之称的中国宣布和马拉维建交。2010年上海世博会马拉维馆日当天,在精心制作的介绍马拉维的中文手册封面上,有一个不知名的马拉维少年,站在梦幻般幽蓝的马拉维湖边,手里拎着刚刚钓上来的罗非鱼,阳光下,男孩笑容灿烂清澈,看上去是那么地快乐和温暖……

文/吴肃爽　图/urosr

蛇人 神秘的南亚流浪部落

每当"莫力"被吹响,眼镜蛇便扬起头,随着乐声舞蹈,那姿态是对蛇人部落祖先可可的怀念,是人与蛇之间解不开的缘……

在世界文明中,蛇扮演着非常特殊的角色。圣经中亚当和夏娃因为蛇而偷尝禁果,中国文化中,人类的祖先女娲和伏羲更是人首蛇身。随着岁月的变迁、历史的发展,蛇的某种神圣属性已经变得淡薄,然而在南亚的一个部落中,人们依旧崇拜蛇,把蛇视为神的化身。

历史上,蛇人部落一直在不断地迁徙。印度和巴基斯坦还没有分开的时候,从加尔各答到巴基斯坦的白沙瓦处处都可以看见蛇人的足迹。上个世纪70年代开始,巴基斯坦政府为保护这一别具风情的文化,为蛇人部落在信德省南部专门划分出了一块保留地。从此以后,这些神秘的蛇人便在蔚蓝的肯基哈尔湖畔延续着他们自己的传统和文明,繁衍生息直到如今。

关于蛇人部落的来历,大概要从舞蛇说起。在南亚,舞蛇已有上千年的历史。舞蛇的人对蛇有着深深的依赖和崇拜。他们尤其崇拜眼镜蛇,并依靠和这种毒蛇一起表演来养活自己和家人。久而久之，这些流浪的舞蛇艺人形成了他们自己的习俗和礼仪，被世人称为蛇人。时至今日，在巴基斯坦信德省观光，依旧可以看见很多浑身缠满了各种毒蛇的流浪艺人。他们腰间挂有笛子，每当他们吹响这些笛子，那些色彩斑斓的蛇便随之翩翩起舞。

　　蛇人部落的生活和蛇密不可分，他们虔诚地信仰一个名叫"可可"的主神。传说这位神可以每晚睡在蛇床上，他甚至可以用眼神吮吸蛇分泌的毒液。这样的能力让他拥有了驯服百蛇的魔力，并且在后来的漫长岁月中，把这样的魔力传承给了蛇人。所以每当村子里有男孩出生，人们便要寻找毒蛇的毒液，滴在男孩的身上。部落里的人们相信蛇的毒液是可可魔力的传承，可以增强婴儿的免疫力，让他们在以后的成长中免受毒蛇的攻击，同时也帮助这个孩子增强判别蛇性的能力。

　　男孩儿们经历了蛇毒的洗礼，从此便一生和蛇有了不解之缘。当小男孩成长为一个帅气的小伙子的时候，他们便要开始学会独自去捕捉一条野外的毒蛇。能否成功地捕捉到毒蛇就成为了这个小伙子是否成年，是否有资格娶一位漂亮姑娘作为妻子的凭据。而不能成功捉到毒蛇的小伙子便会成为长辈眼里的败家子，姑娘更不会爱上这样的小伙子。

这些流浪在南亚街头巷尾的神秘艺人们，一生都和毒蛇朝夕相伴。手腕和脖子的位置，永远都留给和他们一起在街边卖艺的毒蛇……

艺人们吹奏着"莫力"，在悠扬神秘的乐声中，眼镜蛇高高抬着头，吐露猩红的信子，翩翩起舞。

每年春暖花开，便是蛇人们四处寻觅蛇的时候。它们都带着两件宝物，一件叫做"莫力"，另一件便是装着金属圈的特制手杖。传说，"莫力"是可可驯蛇的乐器，实际上，这种外形如同笛子的乐器，发明于8 000多年前，蛇人们吹奏着"莫力"吸引蛇的注意，然后趁蛇被乐声吸引的时候用手杖上的金属圈套住毒蛇的脖子。这时蛇便会张开口，蛇人们便会敏捷地取出蛇口中的毒囊，并和蛇进行一种交谈的仪式，这样，蛇人与蛇之间便建立起了友谊，他们认为只有经过交谈的蛇才不会咬人。但是，在南亚无数种蛇类里，一种名叫"伦迪"

的蛇却连蛇人们也畏惧它的存在。关于伦迪也有一个和可可有关的传说,万能的可可为了逮捕伦迪,却不幸被脾气暴躁、剧毒无比的伦迪咬伤,所有的草药都不能治好可可的伤,蛇人精神领袖可可最终被伦迪杀死。于是,所有的蛇人都把伦迪当做是邪恶的化身,对其避而远之,就算在野外遇到伦迪也绝对不会靠近并逮捕它们,蛇人们都认为这种被他们称为"伦迪"的蛇是恶魔,是不幸的化身。

多数时候,蛇人们喜欢在水源的附近寻找蛇的踪影。当然,这是因为蛇都喜欢阴暗潮湿的地方,只是对于蛇人来说,这却是为了纪念他们的祖先可可。可可曾经吹奏着莫力,追寻一条巨蟒。然而这条巨蟒却逃进了大海,并且它逃过的地方变成了信德地区荒原中的美丽河流。如今这些河流依旧不用来灌溉田地,而是蛇人们寻找蛇、捕捉蛇的温床。

捉到蛇以后,蛇人们便开始驯蛇,他们尤其喜欢当地一种黑色的眼镜蛇。每天晚上,蛇人们便使用新鲜的羊奶喂养这些漂亮的蛇。他们相信这种眼镜蛇不会攻击人类,且非常具有灵性。所以他们把自己捉

部落中的孩子和女人也离不开蛇,小孩子生下来就开始学习抓蛇,而妇女们则为蛇编织竹篮和口袋。

088 蛇人

到的蛇当成是一个够义气的朋友，不会杀害它们，并且会向蛇承诺一年后放它们回到山林中，而在一年里，蛇人们会让蛇吃得好，长得健康。

部落中男人们的一生都和蛇紧紧结合在一起，被蛇毒祝福、抓蛇、驯蛇、和蛇一起表演，部落中的女人们虽然不能驯蛇、与蛇一起表演，但是也和蛇有着不浅的缘分。姑娘们在出嫁前，父母会为女儿精心挑选嫁妆。而嫁妆通常是一条毒蛇，一条狗，一些蛇药。蛇们平时住的精美袋子和竹篮，便是女人们精心编制的。蛇人们背着这样的袋子走街串巷，四处卖艺，过着流浪艺人的自由生活。

通常蛇人们的表演都是吹响"莫力"。这时，竹筐中的毒蛇便会随着音乐高高地扬起头，摇动着身体舞蹈。还有一部分蛇人拥有着一项更骇人听闻的绝技。他们张开口，让小蛇从鼻子爬进去，再从嘴里爬出来。这样的特技付出的痛苦是从蛇人们小时候就开始的。从儿童时期开始，经过漫长艰苦的训练，不少孩子甚至死在这样的训练下，他们才掌握了这项技能。

在驯蛇的过程中，蛇人们也会遇到很多危险，有时候，毒蛇的毒囊没有及时除掉，他们便会被咬。不过，蛇人们非常忌讳被蛇咬伤，所以，当他们被咬以后，总是紧紧地保守着这个秘密，就连最亲密的人也不会知道。几乎所有的蛇人都会配一种蛇药，这种蛇药几乎能治好所有毒蛇的咬伤。除了表演，蛇人们也卖这些特制的蛇药。当地的人们被毒蛇咬伤以后，便找这些表演者买药粉，拿回去和上蜂蜜或者牛奶，涂抹在伤口上。神奇的是一般两个月便会好得连伤口都看不出来。也许正是这种药粉的存在，蛇人与毒蛇才可以共存得如此和谐，带给世人如此震撼的艺术表演。

如今的蛇人部落已经被渐渐剥开其神秘的面纱，他们用来舞蛇的"莫力"更是被世人关注着，这种前面有个圆球的笛子已被带到了国际性的音乐会上，悠扬的曲调演绎着蛇人们悠远的流浪历史和对蛇的深深情感。然而，就和其他古老部落一样，蛇人部落在如今的社会也开始衰落。甚至一部分年轻人吃不了驯蛇的苦，开始贩卖那些被它们

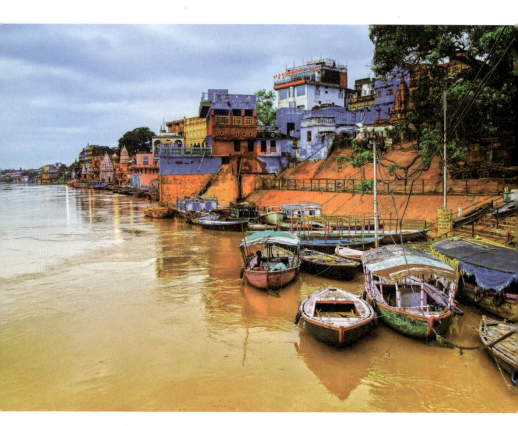

沿着瓦纳那西恒河，蛇人部落们一边流浪一边寻找眼镜蛇。蛇人们认为这条河流是祖先追杀的一条巨蛇演变而来的。

抓到的可怜小蛇。值得庆幸的是，部落中的长者威严尚在，他们认为对终生都与蛇为伴的蛇人来说，因为利益贩卖蛇类就如同贩卖自己的母亲，是罪孽深重的行为。而越来越多的蛇人们也认识到，如果世界上没有了蛇，靠蛇来生存的他们便会一无所有。如今卖蛇的蛇人已经越来越少，他们至今依旧背着彩袋竹篮，腰里挎着"莫力"，在巴基斯坦信德省南部，走街串巷，一边表演，一边努力地生存。

文/魏阳　图/Boris

带着泥头盔的 阿萨罗泥人

祖先的一次战争失利,让他们学会了用白石灰涂抹身体,把用泥做的头盔套在头上,借以掩盖自己的身份,以在雨林中保护自己。

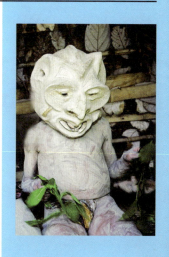

巴布亚新几内亚是世界上最原始的国家之一,众多的原始部落生活在其中。险峻的高山把他们彼此隔绝——就连巴布亚新几内亚的首都莫尔兹比港都,也没有一条公路能和其他城市相通。复杂的地形影响了这里的发展,但对于原始部落来说,这样的地形绝对是最佳的保护伞,保护着他们原始古老又丰富多彩的文明不受外界影响。

在巴布亚新几内亚众多的原始部落中,阿萨罗泥人极有特色。他们生活在巴布亚新几内亚东高地省一个叫戈罗卡的地方。在很久以前,他们的祖先被其他部落打败,逃到了戈罗卡的阿萨罗河畔定居下来,逐渐形成了今天的阿萨罗泥人部落,又叫泥人村部落。在雨林中缓缓流淌着的阿萨罗河,如同母亲一般哺育着泥人村部落;千百年来,阿萨罗泥人在这里繁衍生息,建立了属于本部落的文明。他们的语言、习俗,以及巨大的泥头盔,都在这片土地上深深地扎下了根基,彰显着他们独特的存在。

在雨林中，阿萨罗泥人开垦土地，种植山药、甘蔗、土豆等食物。他们平时就靠这些热带植物生存，男人们除了种植食物，也会拿起弓箭长矛走进雨林深处寻找猎物，虽然手中的武器非常原始，木制的弓箭和长矛依然能捕获不少猎物。部落里的男人都是优秀的猎手，不仅善于在雨林中奔跑攀爬，还熟悉大多数动物的习性，面对危险的动物也能保护自己。不论是山药、土豆还是猎物的肉，在部落人的手中，稍加烤制就变成了冒着香气的美食。他们用大叶子把食物包裹住，放在火上烤制，烤熟的食物直接用手抓取。在泥人村的村落中，经常看到老老少少每个人捧着一个大叶子围在一起，边吃饭边聊天的情景。这些泥人钟爱槟榔。槟榔是热带地区的常见植物，泥人村部落中几乎每个人都有嚼槟榔的习惯。在他们眼中，槟榔是一种非常贵重的礼品，只有部落的贵客才能享受到他们赠送的槟榔。

阿萨罗泥人之所以被叫做"泥人"，就是因为他们独特的装扮。这源于他们祖先被打败逃跑的那场战争。他们的祖先被打败后，为了防止被敌人发现，便用石灰涂满全身，看上去成了白色的皮肤。当敌人发现他们的时候，白色的皮肤、巨大的头盔果真发挥了作用，敌人以为这些奇特的人是神灵，纷纷落荒而逃。从此以后，生活在阿萨罗河畔的泥人们就有了这样的传统，用河底的淤泥做成头盔，这些头盔不仅厚重巨大，而且造型精致独特——各种各样的鬼脸，各种奇怪的

战争教会了阿萨罗泥人保护自己，浓烈的自我保护意识让他们有着排外的举动。长长的弓箭和丑陋古怪的泥塑形象，终于使得他们的生活归于平静……

形状。有些还用植物的汁液染成绿色。今天，他们的头盔不再是恐吓敌人的工具，而变成了舞蹈的道具，每到部落的节日，男人们就会重新装扮上当年祖先们应付敌人的各种装备，用白色的石灰涂满全身，

阿萨罗泥人使用弓箭在丛林中以打猎为生，他们在武器上装饰着美丽的羽毛，以彰显魅力。

戴上造型各异的头盔，手指戴上长长的竹子制成的指套，伴随着鼓点，欢快地舞蹈。泥人的舞蹈如同跳跃着的史诗，向族人和来客诉说着泥人村苦难的过往……

平时部落中不论男女都不穿上衣，下半身也只穿用树叶制成的裙子。阿萨罗泥人拥有一双能让自己变得美丽的巧手，他们用羽毛制成饰品，不论男女都会戴这种用天堂鸟的羽毛制成的饰品，而且羽毛越多越长就越漂亮光鲜。在他们眼中，猪能代表当地人的地位，所以他们还会用猪的牙齿制作项链和手链，以此来显示自己的身份地位和财富。

阿萨罗泥人的独特不止在生活和装束，更让人惊叹的是他们保留下来的文化习俗。在阿萨罗泥人部落，有一种非常奇特的送礼习俗。每隔几年，泥人村都要举办一次送礼节，每个家庭都要准备好送给其他家族的礼物，这些礼物一般都是一些食物，他们把礼物用树叶包好，再写上送礼人和收礼人的姓名。部落的人把所有的礼物都堆在一起，然后围着这些礼物，手持长矛弓箭，头戴面具，唱歌跳舞，并摆出一副进攻的架势。一番庆祝之后，再开始点名送礼，由部落的首领宣读送礼人和收礼人的姓名，

阿萨罗泥人把全身涂上白石灰，用泥做的头盔遮住整个头，看起来就像一尊雕塑。

阿萨罗河蜿蜒地流淌过丛林，这条河流滋养着阿萨罗泥人，是大自然馈赠他们的最珍贵的礼物。

每送出去一份礼物,大家都以欢呼和高歌来表示庆祝。这样的节日源自泥人村部落平等的传统。在很久以前,泥人村的生产能力非常落后,很多家族经常面临饥荒的威胁,部落就举行这种仪式,比较富足的家庭来支援穷困的家庭。如今这种仪式已经变成了传统的节日,人们通过这种送礼物的方式表达对部落中其他家族的尊重和友好。阿萨罗泥人部落是一个奉行平等的部落,甚至孩子们日常游戏的最后结果都一定是平局,不能有优劣的分别。在并不适合人类生存的雨林中,泥人村的居民就是用这种平等互助的方式相互扶持,保证部落的延续和发展。

泥人部落实行一夫一妻制,但是部落的婚恋十分自由。在当地的习俗中,如果男女双方有好感,不能用口头和书面的方式向对方表达感情,男女双方的感情都通过竹笛来沟通。竹笛时高时低、婉转动人的声音,代表着对心上人的脉脉之情。在泥人部落,娶妻子的彩礼一般就是猪,猪是阿萨罗泥人财富的象征,越是美丽的女子,彩礼就越高,需要的猪也就越多。虽然听起来感觉怪怪的,但在原始部落中,猪在他们心中是最珍贵的礼品。他们的婚后生活更有意思。在我们的观念里,夫妻和睦的生活才是真正幸福的婚姻,但在泥人村,习俗却恰恰相反。争吵越激烈的家庭,才越幸福。当地甚至会举办夫妻吵架的活动,每天傍晚,休息下来的人们来到一片空地,和自己的配偶大声争吵,直到双方都口干舌燥,才相拥着回家。

虽然巴布亚新几内亚依然是个穷困、原始的国家,但看一看生活在这片土地上的人们,看一看泥人部落欢快的舞蹈,听一听他们婉转的竹笛声,人们就会发现,原始的生活固然贫苦,但依然是安宁和幸福的。

文/吴肃爽　图/Janelle

阿斯马特人 砍下敌人头颅祭奠祖先

敌人的头颅被带回村落，头被烧烤后剥去头皮，然后在太阳穴处挖通一个小洞，倒出脑浆吃掉。剩下的头骨，便用来祭奠祖先……

赤道附近的新几内亚岛是茫茫太平洋中的第一大岛，也是世界上第二大岛屿。岛屿的东西两半分别属于印度尼西亚和巴布亚新几内亚两个国家。这个巨大的热带岛屿上，雨林密布，其中生活着隐藏在密林中的食火鸡、羽毛鲜艳的极乐鸟。在这个巨大岛屿的南部沿海地区，还有一个长期被人忽视的神秘部落：阿斯马特族。

这是一个神秘的部落，直到1961年11月18日，人们才知道它的存在。就在那一天，美国纽约州州长、金融大亨尼尔逊·洛克菲勒的儿子迈克·洛克菲勒在新几内亚岛南部沿岸的深山雨林中失踪，作为世界最大金融帝国的继承人，迈克的失踪在全世界引起了轩然大波。迈克当时带领一个探险队深入新几内亚岛的雨林中，为纽约原始人美术馆搜集资料。一切科考活动顺利进行着，直到那一天，他失踪了。众多学者针对这一事件展开研究，终于揭开

沿着雨林中美丽而充满危险气息的河流，阿斯马特人穿着茅草编织的衣裙，划着独木舟寻找猎物。

了阿斯马特人的神秘面纱——猎头部落。很多人相信，他被阿斯马特人猎杀了，并被砍掉了头颅，用于一种奇特的祭祀仪式……

世人对阿斯马特人知之甚少。他们有自己的语言，属于新几内亚语系；整个阿斯马特部落大概有70 000人，分散成不同的村落居住在森林中。直至20世纪中叶，这个古老的部落才被现代文明的探险者发现，而留给世人最深刻的印象，则是他们那令人头皮发麻的猎头传统。

雨林中,潜伏着一个让人闻风丧胆的部落,传闻中有无数探险家的生命被他们夺取。

雨林中的阿斯马特人靠捕鱼、打猎为生,打猎是阿斯马特人必备的生存技能。在野兽众多的热带雨林中,将野兽杀死往往是一场殊死的搏斗;阿斯马特人只能依靠原始的工具,在雨林中寻找猎物,以求得生存。作为优秀的猎手,阿斯马特人身体健壮、肌肉发达,相当勇猛。

除了打猎,妇女们每天也要在雨林中采摘各种野果,来满足生存所需。雨林中植物种类繁多,长期的原始生活,使得阿斯马特人对这些植物了如指掌,很轻易就能分辨出哪些植物有毒,哪些植物可以食用。在雨林中有很多西米棕榈树,阿斯马特人从西米棕榈树的树皮中提取淀粉,这也是他们的一种食物,和我们食用的西米很类似。热带雨林中沼泽遍布,四处潜伏着危险,但对于勇猛的阿斯马特人而言,雨林是一个聚宝盆,能满足他们生活必需的一切。

阿斯马特人居住在雨林中建造的木屋里。由于雨林中温热潮湿,土地很容易被水浸透,变成湿泥。因此,阿斯马特人把木屋悬空搭建,这些木屋往往高出地面两三米,这样一来,不仅避免了地面受潮,也可以阻隔地面的热量。而且,阿斯马特人把木屋修建得都很高,往往有上下两层,最高的木屋甚至能高出地面20多米。在学会修建木屋之前,阿斯马特人的祖先们居住在雨林的树上,这样既可以避免野兽的袭击,也可以利用树洞防止雨淋。阿斯马特人离不开木材,他们居住在木屋中,他们的武器也大多数由木杆制成,在雨林的河流

阿斯马特人又称"猎头部落",他们的装扮似乎也正对应着这个别名。

中,阿斯马特人使用独木舟作为交通工具。对于阿斯马特人来说,巨大雨林中的木材是取之不尽用之不竭的,因此,他们的文化与树木紧紧联系在一起。

木雕是他们最拿手的手艺,他们把自己的祖先模样制成各种各样的木质工艺品,并对这些木雕顶礼膜拜。在阿斯马特人聚居的区域的河流里，经常能看到几支木雕竖插在河流中，这些是阿斯马特人在雨林中留下的标记，木雕制作得十分精美，阿斯马特人还为它们涂上红色、白色的颜料，但是这些木雕也往往非常恐怖，因为木雕的顶端，经常会悬挂着头骨。这些恐怖但又精致的木雕似乎在告诫外人，不要来打扰他们的生活。

由于阿斯马特部落人口并不多，再加上这个部落有一夫多妻的习俗，因此，通婚的两个家庭往往也有其他的亲缘关系。在阿斯马特，女方嫁入男方的家庭，就变成了男方家族的一员，她的食物、房屋都由男方家族承担。但一旦男方死亡，女人的命运就相当悲惨，有一些幸运的女人能回到亲生父母的身边，另外一些则被部落遗弃。阿斯马特是一个典型的父权部落，男人的地位要高于女人。但是在阿斯马特，有一个十分有意思的传统节日，在那一天，女人可以随意鞭打、惩罚懒惰的男人。而男人即使被打得皮开肉绽，也不能求饶，直到女人们打累了，需要休息的时候，男人们才能派出一个代表，向女方求饶。为什么在男人掌握权力的阿斯马特部落中，会有如此奇怪的节日呢？原来，阿斯马特人十分惧怕鬼魂，他们相信女人有驱赶鬼魂的能力。因此，在节日这一天，女人们通过这种方式来赶走男人们身上附着的鬼魂，使男人们更英勇，更勤劳。

阿斯马特人奉行祖先崇拜，对他们来说，祖先等同于神灵的化身。在他们的村落中，随处可见的各种木雕，都是他们想象中的祖先的形象。在阿斯马特人眼中，雨林中到处存在着各种可怕的鬼魂，如果对祖先不敬，他们就将惨死在鬼魂的手中。

阿斯马特人祭拜祖先的方式十分血腥，就是前面提到的"猎头"，即砍下人的头颅。阿斯马特人会把敌人的头颅砍下，作为战利品。这种习俗起源于部落的战争，在战争开始前，他们会准备好战争胜利的食品，把独木舟也涂上红色的赭石和白色的石灰。趁着夜色，阿斯马特人进攻敌人的村落，此时，甚至连女人也变得凶残异常，在一旁鼓励着男人们，多多砍下敌人的头颅。敌人的头颅被带回村落，头被烧烤后剥去头皮，然后在太阳穴处挖通一个小洞，倒出脑浆吃掉。剩下的头骨，便用来祭奠祖先。如今，虽然已经没有了部落战争，但阿斯马特人的"猎头"行为并没有停止，当年迈克·洛克菲勒很有可能就是被阿斯马特人用这种方式杀害的。

除了祭奠祖先，阿斯马特人还会用头颅进行"精力传授"的仪式。在仪式上，由小孩把头颅放在双腿中间坐下。大约半个小时以后，大人把孩子们带到海中，朝他们认为是祖先灵魂所在的日落方向游去。孩子会扮演老人的角色，假装衰老和死亡。最后，人们将孩子在海中淹一下，完成仪式，意味着他获得新生。

神秘的阿斯马特部落在层层密林中继续过着与世隔绝的部落生活。如今的新几内亚政府禁止"猎头"，相信阿斯马特人能够真正停止这样的血腥行动……

阿斯马特人用木头和冒茱搭建屋子。为了避开蛇虫鼠蚁，他们修建离地面两三米到二三十米的"吊脚楼"。

文/孙海杰
图/Sergey

卡拉莫贾人 娶处女是最大的耻辱

"采妃使者"为部落首领物色貌美动人的女子,还要进行一项痛苦的工作:与妃子交合,以此来保证首领娶进的妃子都不是处女……

"非洲明珠"乌干达境内的条条河流如同秀发,维多利亚湖是它动人的明眸。东非大裂谷如同长龙贯穿了广阔的东非高原,美丽的草原像天幕,众多的瀑布、湖泊如同繁星。乌干达人无疑是飞翔在这片天空的鸟儿,为美丽的草原带来了无限的生机。

乌干达是一个多部落国家,40多个部族共同组成了乌干达人这个群体。在乌干达,部族依然在各方面发挥着重要的作用,有一些政党就是在部族的基础上建立起来的。每一个部族拥有自己的语言文化,这些丰富多彩的文化在乌干达这片土地上交融、碰撞,形成了乌干达丰富多彩的民族画卷。乌干达所有的部落中,最具特色的当属生活在东北部的卡拉莫贾人。

虽然大部分地区是热带草原,但河流众多的乌干达水资源非常丰富,生长着很多热带植物。在卡

拉莫贾人的日常饮食中，芭蕉是他们必不可少的食物。他们一般不会生吃芭蕉，而是把芭蕉烤熟或蒸熟以后再食用。乌干达的芭蕉种类很多，最受当地人喜欢的是一种叫做"马托基"的芭蕉。这种芭蕉没有甜味，卡拉莫贾人把这种芭蕉的果肉捣成泥，放入锅中蒸熟，出锅后就是热气腾腾的"马托基饭"，再拌上红豆汁、花生酱和其他菜肴，无论是金黄的色泽还是扑鼻的香味都让人口水直流。卡拉莫贾人还用芭蕉制酒，他们把芭蕉和高粱面混合发酵，酿成的酒甜中带香，是当地人最喜爱的饮料。在宴会上，主人会拿出一大坛这种芭蕉酒，插一根长长的吸管，大家轮流饮用，其乐融融……

走进卡拉莫贾人的村落，随处可见在青绿色草地上建起的茅草屋。这种斗笠形状的茅草屋是乌干达部落传统的建筑形式，草原上的卡拉莫贾人过着游牧生活。对于卡拉莫贾人来说，方便拆卸的房屋最适合游牧的生活。厚厚的茅草靠木条支撑起来，圆形的茅草屋里空间很大，一旦进到屋子里面，立刻能感受到这个豪放的游牧部落细心的一面。屋内的摆设很简单，几件生活必需品和一些炊具，摆放得规矩整齐。在茅草屋外，可以看到卡拉莫贾人做饭的火堆，用几块大石头搭起的简单的灶可以烤制食物，也可以放上蒸锅，虽然简陋，但特别

乌干达河清碧的河水滋养着这片土地上的人。卡拉莫贾人每天清晨饮下的第一口水便是这条河流里的甘露。他们世世代代靠着河流庇佑，赶着牛羊逐水草而居……

每当水草丰盛、牛羊肥美的时候,部落中的人便在美丽的草原上翩翩起舞,展示他们愉快的心情。

实用。和其他居住在草原上的游牧部落一样,卡拉莫贾人也总是逐水草而居,当他们居住的地方水源和草料不再充足时,就会搬迁到其他的区域。广阔的大草原,"水草在哪里,我们的家就在哪里,"卡拉莫贾人总是这样说,"我们是草原的孩子……"

卡拉莫贾人的着装非常独特——他们不穿衣服!在当地人的传统中,穿衣服被看做是不吉祥的行为。这里的男人和小孩都是一丝不挂,女人也仅仅在下身兜一块兽皮。在英国殖民者统治乌干达的时候,卡拉莫贾人因为这个习俗被视作野人,殖民者不许外界和卡拉莫贾人接触。卡拉莫贾人的这种习俗对其他部落也有很大的影响。在整个乌干达,女孩都不允许穿裤子,穿裤子对于女孩来说是不道德的行为……当然,如今受到外来文明的侵略,这些原始部落的人们也开始习惯在身上穿上简单的,但是色彩非常鲜艳的服饰。

几乎所有的原始部落，男人们都可以娶多位妻子，卡拉莫贾人实行一夫多妻制，然而乌干达的卡拉莫贾人的婚姻习惯中，最与其他部落不同的是，从首领到平民，都以娶处女为耻。部落中的男人如果娶一名处女为妻，那么，这个男子必然会被整个部落嘲笑，甚至被认为是不洁，侮辱了神灵。如果部落的首领爱上了一名处女想要娶她，人们甚至认为可能会给整个部落带来祸端，部落中的人也不会允许部落首领娶一名处女，因为这将让整个部落被嘲笑和看不起。如果首领坚决要娶处女，那么他将会被罢黜，甚至被赶出部落，因此在部落中有专门的"采妃使者"。在平时，"采妃使者"为首领物色貌美动人的女子，如果这个女子成为了妃子的人选，这些使者还要进行一项痛苦的工作：与妃子交合，以此来保证首领娶进的妃子都不是处女。在卡拉莫贾人眼中，被"采"过的女性才更纯洁……当然，被"采过"的女子的纯洁通常是和与处女交合的男人的不纯洁相伴随的。卡拉莫贾人认为，和处女交合是侮辱神灵的行为，也会为自己带来灾难，所以，所有的采妃使者在当地人看来都是一项苦不堪言的差事。

像很多土著部落一样，卡拉莫贾的女人们习惯顶着物品走路，这是她们独特的运输方式。

在乌干达人的集市上,各种水果看起来非常诱人,但是更多的时候,这些淳朴的部落居民依靠牛羊生活。

卡拉莫贾人信仰原始的拜物教。他们崇拜祖先和部落的首领,每年部落中都会举行盛大的仪式,祭拜祖先和首领。在很久以前,他们甚至采用"人祭"的残忍方式,用杀掉奴隶的方法来祭拜在他们心中如神灵一般的部落祖先和首领。除了部落祖先和首领,在卡拉莫贾人的信仰中最具特色的当属生殖崇拜。卡拉莫贾的男人成年后就会咀嚼一种叫"性树"的植物的树根,在乌干达男人眼中,这种树根是神灵赐予他们的礼物,咀嚼它们可以提高生殖能力。科学研究表明:乌干达人这种习俗真的不是空穴来风,这种植物的根具有壮阳的特性,的确能提高男人的性能力。

　　虽然乌干达已经逐步向现代社会迈进,但部落依旧是这个国家的灵魂。卡拉莫贾人和其他部落一道,在这个国家广袤的土地上,保守着自己的习俗,过着自己的日子,原始、自然、与世无争……

村落里,卡拉莫贾人的小房子看起来温馨简洁。雨后的乌干达,明媚的空气中时常出现的彩虹,是村落最美的点缀。

文/孙海杰　图/Pichugin Dmitry

与雄鹰为伴的哈萨克人

他们右手的手臂，永远只为翱翔在天空中的雄鹰保留。在哈萨克人的生命中，骏马和雄鹰缺一不可，骏马奔驰在草原，雄鹰翱翔在天际……

每当夕阳西沉的时候，美丽富饶的哈萨克草原上响起悠扬的冬不拉，风中浅唱低吟着忧伤的哈萨克小调，远方的牧羊人骑着骏马，赶着牛羊群回到帐篷里。人们说哈萨克人有三样宝：一样是他们的诗歌，哈萨克人有着"和诗歌一起降生"的美誉；一样是哈萨克草原动人心魄的自然美景；还有一样，是他们手臂上英武的猎鹰。

哈萨克人过着传统的游牧生活，他们个性豪爽、热情好客、能歌善舞。雄鹰是鸟中之王，桀骜不驯，威猛刚烈，只有豪放勇敢的哈萨克人才能彻底驯服这种孤傲霸气的动物。当骑马狩猎的哈萨克人看到猎物时，只消一声呼哨，手臂上的猎鹰便像闪电一般迅猛地冲击而去，它们一般不会直扑猎物，而是飞向高空，伺机而动，一旦发现猎物踪影，猛冲下去，抓起猎物回到主人身边。令人眼花缭乱的捕猎过程只有短短几分钟，然后它又安静地站在主人的手臂上，肃穆凝重得像一尊雕像。

因为有着驯服猎鹰的古老传统，哈萨克人又被称为"猎鹰部落"，这个习俗至今已经保留了4000多年，到后来，驯服猎鹰传到世界各地，成了纨绔子弟、王公贵族们风靡一时的玩物。

哈萨克人对猎鹰的挑选有着严格的要求，首先是品种，他们只选勇猛威武的金雕。金雕一词来源于希腊语中"金色的鹰"的直译。金色是指金雕头和颈后雪白的羽毛在阳光下反射出的熠熠金光。金雕仪表堂堂，翼展可以达到1.5米，是雕类中最大的一种，飞行速度迅疾，动物学家将它列为隼的一种。除此之外，金雕是鹰类中出了名的凶悍，据说曾有金雕捕捉过14只狼。

要驯服如此凶猛乖戾的动物，谈何容易。驯金雕首先得捕金雕雏，捕捉鹰雏要到遥远的鄂霍次克海以北的海边的金雕窝。这是一项无比艰辛而危险的任务，严寒、漫长的旅途、野兽、难以攀爬的悬崖峭壁、凶狠的护雏大雕……还有许多未知的艰难险阻，常常让捕鹰人一去不回。

鹰队出发前要选好踩道人，踩道人是有着丰富捕捉和驯服金雕经验的长者，在族里被尊称为"加根色夫"，即"鹰首领"的意思。这个人肩负着鹰队成员们性命的重担，具体的人选必须由族长来决定。在古代，哈萨克人要向皇帝贡鹰，朝廷的收鹰人等在村子里并将踩道

每当雄鹰从他们手臂上翱翔于天际，胯下的骏马也开始奔驰于草原，哈萨克人此时此刻仿佛天与地的主人，鹰是他们的翅膀，马是他们的足……

人的亲人以人质关押起来，如果没能捕捉成功，空手返回，等待他们及其家人的是残酷的灭顶之灾。鹰队的其他猎手则直接由鹰首领挑选，猎手一般都要选结过婚的小伙子，没有对象的，一定要在出发前为其张罗婚事。因为这一去，很有可能就再也回不来，要为祖上留下根。

接下来就是对猎手进行严格的训练，由鹰首领传授捕鹰的真本事。比如：会唱歌——用歌声把捕鹰的凄苦生活化解开；会吃东西——知道什么该吃、什么不该吃，什么能吃、什么不能吃，识别野菜、会喝水；会穿戴——进山捕鹰，穿"青"着"绿"，不能穿白的，这既是因为哈萨克人崇拜白色，也有要和大自然颜色相近的科学道理；要学习攀爬——捕鹰时必须要爬上海边的悬崖峭壁去寻找鹰巢；学会使用和修补种类繁多复杂的工具；学会躲避灾难的本领以及识别各种鸟类等。

当鹰首领教小伙子识鹰和集训等一切活动结束后，鹰队就该出发了。这是与亲人的生离死别，他们要到遥远的地方去，

哈萨克人几乎从小就会驯鹰，这种高傲的飞禽站在他们的右臂上，彰显着哈萨克人的骄傲。

哈萨克猎鹰部落里的女人们，虽然她们不像男人们拥有威风的雄鹰和骏马，但是她们用一双巧手制成各色装饰品，装点着这个部落。

每一匹骏马都是猎鹰部落汉子们最珍贵的伙伴,和雄鹰代替汉子们翱翔天际一样,这些骏马带着他们驰骋于辽阔的草原。

要经过无数的高山、大河，说不准会遇上什么。许多捕鹰人只带回来一个盛满了自己同行人骨灰的"骨匣子"。族人们默默地将猎手送到草原边境上，按照祖辈的习俗，走的人不准落泪，送的人不能哭泣出声，因为这是不吉利的象征。但是，看着孩子和丈夫踏上生死之途，多少母亲和妻子再也无法忍住心酸和离别的眼泪。喝完血酒，带上族人赠送的"记道"黄狗和给金雕带去的"吃食"，带上族里的智者"萨满"，鹰队义无反顾地出发了。这是他们的宿命，也是他们的荣耀。

历经千辛万苦把金雕雏捉回来后，接下来要驯鹰。整个过程中金雕和驯鹰人都要承受巨大的挑战：首先要做一个皮面罩蒙住鹰头，使它看不见东西，然后把它放在一根横吊在空中的木棍上，来回扯动这根吊着的木棍，使鹰无法稳定地站立。这样连续数昼夜，鹰会被弄得神魂颠倒精疲力竭而摔倒在地。这时，要往鹰头上浇凉水，使其苏醒，然后给它饮点盐水或茶水，但不喂食物。约半月之后，鹰逐渐得以驯化，再开始喂食。喂食也有一套方法，驯鹰人把肉放在手臂的皮套上，让鹰前来啄食，饥饿许久的猎鹰，见了肉便不顾一切地扑过来，驯鹰人则一次次把距离拉远，而且每次都不给鹰吃饱。这样反复进行，直到鹰能飞起来，啄到驯鹰人手臂上的肉为止。在猎鹰部落里，手臂上一道道的抓痕是猎鹰人的勋章，有时鹰饿急了，甚至会用尖锐强壮的利爪伤到主人的筋骨。

养宠物猫狗的家庭会经常出去遛猫遛狗，猎鹰部落也有"遛鹰"的习俗。在秋高气爽的季节里，猎鹰人带着金雕隐匿在水草丰茂的芦苇荡里，一旦听到有雁鸟宿在草丛里，便立刻"赶仗"，即用声音或动作惊起鸟群，这时迅速地撒手放出金雕，顷刻间金雕便追上四下逃窜的猎物。

在哈萨克草原，鹰文化已经深入到人们生活的骨髓里。一呼吸就感觉鹰的气息随风而至，给人带来无限的惊喜和兴奋。哈萨克人的每一天都是从鹰的气息开始的，当夜幕渐渐褪去，黎明来临时，空气中便会散发出金雕扇动羽翼的味道。在这茫茫的北方草原上，给每一个接触它的人带来一种生机，把你包容进去，带回到久远的岁月深处。

这里的祭祀活动的主要内容就是表现对鹰的崇拜，其中最突出的是"鹰星"祭。鹰星祭是萨满教中最为古老最为原始的自然宗教仪式，哈萨克人用鹰星祭来表达对祖先的怀念和对神鹰的敬畏，饱含了族人对于走出困苦、奔向光明、生活幸福安康的美好祝愿。萨满教宣扬：很久以前，到处是白茫茫望不到边的浓雾，到处都是湖泊和沼泽。为了生存，人们观察雄鹰的踪迹，根据它们的飞行路线，一路向北，才找到如今富饶美丽的哈萨克大草原。在鹰星祭的时候，族人们跳起八字"鹰步"、枴子步和锁链步，来表现祖辈们和鹰深刻的生存状态与生活背景的联系。

哈萨克人虔诚地恪守着人与自然和动物的一种承诺，不伤害自然万物的任何一种规律。如果驯鹰死伤在部族里，族长要请下"鹰爪"，祭祀占卜后，把鹰爪和它的骨灰带向它出生的地方。那儿，是荒野、是远山、是树林、是遥远的北方的海边，那儿是哈萨克人和驯鹰记忆深处的地方，也是纯洁高贵的灵魂居住的天堂。

作为游牧民族，哈萨克人逐水草而居。白色的蒙古包、碧秀辽阔的草原、蓝蓝的天空，都是他们扎根的家园。

文/吴肃爽　图/Kolupayev

以伤痕为美的 哈默尔人

这个部落中的女孩是否是一个合格的美女的标志,是身体上有多少伤疤。于是女孩子们用各种"血腥"的手段,在自己身体上留下一道又一道纪念青春美丽的疤痕。

在非洲众多国家中,埃塞俄比亚是唯一一个没有被西方殖民过的国家,在邻国已经接触外部文明的时候,这里依然是原始的世界。是人类最早的居住地,早在3 000多年前,就已经有人类活动。3 000年在这片土地上如同流星飞逝般过去,这里的原始部落成为了人类文明的活化石。

埃塞俄比亚的奥莫河流域是一个人间天堂。奥莫河水缓缓地流淌,伴随着时间一步步推移。这个封闭的世界是埃塞俄比亚原始部落最密集的地带,这里居住着40多个原始的部落,哈默尔是其中一个规模较大的部落,在埃塞俄比亚西南部的谷地中过着与世无争的游牧生活。谷地中的很多原始部落直到20世纪70年代才逐渐被发现,在外界探险者发现哈默尔部落时,他们甚至不知道自己所在的国家叫埃塞俄比亚。

哈默尔人过着半游牧的生活,除了在草原上牧养牛羊,他们也在草原上开垦耕地,耕种高粱

村落里，每一个女孩子结束了一段爱情以后，她们便在身上留下一道伤口，祭奠消逝的爱，也表示这段爱情曾经带来过痛楚，但是也为自己带来了美丽……

等粮食。奥莫河水的定期泛滥给草原源源不断地输送养料，在这片肥沃的土地上，哈默尔人无论走到哪里，都可以耕种粮食。他们选定个区域就会居住下来，放牧、种植，当牛羊吃光了这里的草料，他们就会搬迁到新的草原上，留下已经收割的耕地和被吃尽的草场，洪水过后，这些荒地就会再次长出高高的牧草。不过哈默尔人的种植技术并不高明，种植出的高粱、玉米很难满足部落的需求，所以他们渐渐学会了与邻居部落通商，用他们的牛羊换取周围部落的粮食。拿到了粮食，哈默尔人把高粱磨成高粱面，和成面糊，在烧热的石头锅上做成煎饼。哈默尔人还有一种非常独特的饮料，他们经常直接咬破牛的皮肤，趴在牛身上饮用牛的鲜血，这种茹毛饮血的原始生活在现代人看来或许落后原始，但是哈默尔人却把新鲜的牛血当做最鲜美的饮料。除了牛血，哈默尔人也十分钟爱牛奶，新鲜的牛奶上一层厚厚的奶油，喝下去一口，浓浓的奶香在嘴里回味很久。

哈默尔男人有两件东西始终不会离手：一个小木枕和一把自动步枪。哈默尔男人的小木枕既能在草地上当做小板凳，也能在睡觉的时候当枕头用。这对于现代城市中的我们来说，真是一种奢侈的生活。悠然地躺在草地上，身边徘徊着自己牧养的牛羊，毫无烦恼地望着天空，呼吸着大自然的纯真和美丽。但是，平静的草原也潜伏着巨大的

危险，悠闲的牛羊在野兽眼里就是一顿丰盛的午餐，为了保护自己的牛羊，哈默尔男人枪不离手。文明社会创造的杀戮机器在哈默尔人的手中，同样是保护自己的利器。

　　有人说哈默尔女人是非洲最美的女性，的确，哈默尔女人有着非比寻常的美。既符合现代社会的审美观念，又有独具哈默尔部落的特色。与很多非洲部落一样，哈默尔也用红色的泥巴涂满全身，她们用牛油与红色的石粉搅拌，然后在全身涂上这种红色的泥巴，就像一身红色的皮肤。哈默尔女人的头发也很漂亮，一个精美的小辫子再抹上红泥，尤其是她们的齐头帘，最符合年轻女孩的审美。不过哈默尔女人也有很多独特的"美"，她们经常穿羊皮制作的坎肩，但都会露出女性的乳房，展现动人的身姿。羊皮坎肩的制作非常简单随性，但其中自然的味道、多变的样式，即使是顶级的服装设计师，恐怕也难以模仿出来。除了自然的服装，漂亮的饰品也必不可少，她们经常在胳

女人们将红色的泥土混合着头发，编成一条条漂亮的辫子，再穿上兽皮制成的衣服。

膊上戴满彩色小珠子穿成的链子，脖子上也会戴着彩色的项链，色彩鲜艳的珠子与黑中带红的皮肤相搭配，既有炫丽又有含蓄。

但是在哈默尔人眼中，女性最美的部位是她们身上的一道道伤痕。哈默尔女孩在12岁的时候，就会开始在身体上留下伤痕。部落中的人通常会用尖锐的利器在女孩子娇嫩的身体上刻画下一道道深深的伤痕，待血液开始不再汹涌流出后，用当地止血消毒的草药简单地消毒，甚至这些女孩子每和一个小伙子谈过恋爱也会留下一道深深的伤痕。每当女孩子需要在身上留下伤痕的时候，总有她的长辈把这个女孩子紧紧地控制住，然后旁边的人用利器小心翼翼地在女孩的身上画出需要的伤口和图案。这个时候，女孩子眼含着泪水痛苦不堪，却因为被控制住而不能自由行动，只能让眼泪和肌肤上渗出的血液混合在一起，以血泪铸就她们成年的美丽。所以在他们看来，女孩的伤痕越多就越美丽。也有人说，女孩的伤痕代表着女孩用血捍卫着与娘家的血亲关

这些伤痕证明的不是她们曾经经历了什么样的痛苦，而是代表了她是一位受部落喜欢的美丽女孩儿。

系，所以伤痕越多的女人对男人也就越忠诚，因此更受男人的喜爱。

部落中每年都会为男孩举办成年礼，他们的成年礼叫做跳牛。这是一种哈默尔人特有的成年仪式。哈默尔人为即将成年的男孩子准备一排牛，男孩子需要从牛背上跳过去，跳过去的男孩子会得到部落的尊重。但也并非每一个成年男人都参加过跳牛这种仪式，按照哈默尔人的传统，一个家庭中，只有年龄最大的男孩通过了跳牛礼，其他男孩才能参加这个仪式。因此，有很多人直到四十多岁还没能参加这项仪式，虽然这并不妨碍他们娶妻生子，但却会缺少族人的那一份尊重。跳牛是哈默尔人勇敢的象征，从牛背上跳过去，不仅仅需要灵活的身手，更需要巨大的勇气。从牛背上摔下来的孩子，往往不顾各种疼痛，重新爬到牛背上，继续跳跃，在族人眼里这样的男孩才是真正的勇士。

哈默尔部落实行一夫多妻的制度，男人如果有足够的牛羊就可以娶多名妻子。但在一个家庭中，地位最高的依然是男人的正妻。其实很容易分辨哪个女人是所在家庭的正室，因为每一个哈默尔男人的正妻都会戴一个木制的、底部伸出一个圆球的项圈，代表着在家庭中的

作为游牧部落，牛对他们来说很重要。部落中的男人们用牛来帮助耕种，当然，男人们在成人礼上也需要跳过一排牛的背。

当女人们聚集在一起的时候,除了一起为家里的需要到集市上交换粮食,也会比较谁的伤痕更多,谁更美丽。

地位。她掌管着家庭中的粮食和牛羊,担负着教育下一代的任务,其他妻子的儿女也都由她来教育。哈默尔部落中每个家庭都是一个庞大的组织,依靠亲情和对丈夫的忠诚维系着家庭成员之间的关系,但每个家庭又是那样的和睦……

文/孙海杰　图/Hector Conesa

卡鲁人 唇上打孔插满鲜花和羽毛

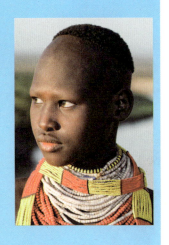

卡鲁男人经常在耳朵上和头顶上戴几朵黄色的野花,远远看去,鲜艳漂亮的绘画搭配几朵黄花,再加上脖子上佩戴着一圈圈小珠子穿成的项链,就像一个漂亮的花瓶。

在非洲东部的埃塞俄比亚,因为这里是无数河流的发源地,所以有着"非洲水塔"之称。图尔塔纳湖就源自这片地区的西南部。戈罗肯山南麓的奥莫河温柔的河水绵延800多千米,流入图尔塔纳湖,如同母亲一样滋养着河谷中的原始部落。

在这片美丽的河谷中,有40多个原始部落居住着。湿润的气候、辽阔的草原以及美丽的无花果树构建成一片世外桃源。在这里生活着犀牛、羚羊等活泼的动物们。这些资源都是奥莫河给予生存在这里的部落的最好财富。在这些远离世俗的部落中,有一只部落虽然只有3 000多人,却也算是河谷中发展得非常壮大,非常具有规模的部落了,他们就是卡鲁人。

事实上,早在1 000多年前,卡鲁人的祖先就来到了这片美丽的土地上。他们只一眼就爱上了这

　　卡鲁女人们总是赤裸着上身，脖子上佩戴着珠子串成的项链。男人们则在头上耳朵上戴着鲜艳的花朵。同时他们还会在下巴上穿一个孔，插上羽毛或花朵。

　　偶尔，卡鲁人也会在脸上用白色的涂料画出纹路，似乎这样会让他们更美丽。

卡鲁人住在美丽的图尔塔纳湖边,夕阳柔和金黄的光芒洒在湖面上,卡鲁人幸福而自由地度过了一天,他们临水审视自己头上的鲜花,项上的珠链……

个美丽的地方,开始在这里修建自己的村庄,繁衍生息,坚守自己的信仰发展自己的文明。时至今日,1 000多年过去了,我们已经无法探究出最早来到这里的卡鲁人究竟来源于什么地方。这个拥有3 000多人的部落,用他们自己的语言、文明以及独特的风俗习惯,成为了奥莫河上璀璨的明珠。

　　卡鲁人居住的区域是在奥莫河下游的谷底中。这个部落的人爱美到极致。部落中的每一个男人都是一张画布,他们用身体作画,用身体完成一件件精美的艺术品。不少原始部落都有在脸部画彩绘的习俗,但在卡鲁,不仅是面部,全身都可以用来绘画。他们用白色的石灰、黄色的岩石和红色的铁矿石粉末在身上作画,在脸上画上各种花纹和斑点。最复杂漂亮的画一般在胸前,复杂的画面令人惊叹,繁多的线条、复杂的形状,这种画即使在纸上也很不容易完成,但卡鲁人竟然能把它们完整地画在胸前。仅仅有画还不够,卡鲁男人经常在耳朵上和头顶上戴几朵黄色的野花,远远看去,鲜艳漂亮的绘画搭配几朵黄花,再加上脖子上佩戴着的一圈圈小珠子穿成的项链,就像一个漂亮的花瓶。卡鲁人还喜欢在下嘴唇上面打孔,平时在唇孔上插上鲜花或者漂亮的羽毛。在卡鲁部落,不论男女老少都不穿上衣,但不论男女老少都会佩戴项链,用小珠子串成的项链很长,能在脖子上缠很多圈,尤其是卡鲁女性戴上这种项链,红白色的项链戴在胸前,上身赤裸显露出女性自然的优美线条,把卡鲁女性丰满的身子和自然的气质衬托得非常完美。在卡鲁部落,男人可以娶多个妻子,但每娶一个妻子,就需要向女方的家长送去一些牛羊作为彩礼。虽然是一夫多妻制,但为了家庭生活能轻松些,一般每个卡鲁男人最多娶两三个妻子。从一个家庭的规模就可以看出这个家庭的境遇,如果妻子很多,这个家庭的男主人拥有的财富自然就多。在卡鲁家庭中,男人的地位很高,每天放牧回来,就可以享受女人的服侍。女人除了做家务活,还需要到河边耕种庄稼维持生计。小孩从小也跟在妈妈的身边,和母

卡鲁人爱美丽,他们穿着色彩艳丽的服饰,头上戴着飞鸟的尾羽。

部落中的男人们除了要耕种，也要学会打猎。外部世界的枪支已走进了卡鲁人的生活。

亲一起做家务，去田地里干活。成年以后，男孩去草原上放牧，女孩又会嫁给男人，重复着她母亲的生活。

卡鲁人世世代代都依靠农耕和狩猎为生。但每到汛期，河流边都会发生周期性的洪水，淹没农田。卡鲁人摸清了洪水的规律，待洪水褪去后，他们利用上流冲刷下的肥沃土壤，种植高粱、玉米和大豆。

卡鲁人依旧处于原始社会，缺乏科学的种植技术，说他们靠河流吃饭一点儿也不为过，遇到干旱的年份，地里的庄稼颗粒无收也是常有的事情。如今，当地政府打算在河流的上游修建大坝，下流谷地河水的定期泛滥将成为历史，但卡鲁人似乎不知道离开了洪水，他们将如何耕作。

除了种植，绝大多数的卡鲁人都是牧民，他们牧养牛和羊。在卡鲁人眼中，牛羊就是财富。日常饮食中，牛羊必不可少，祭祀仪式上，牛羊必不可少，甚至娶妻都需要牛羊作为彩礼。草原上丰富的草料、充足的水源适合牛羊的成长，但各种凶猛的野兽也会随时袭击这些在草地上悠闲地吃草的动物们。对于强壮的卡鲁人来说，野兽也仅仅是他们的猎物。卡鲁自古有打猎的传统，他们用简单的石头制作成石斧，用树干做成标枪和弓箭来猎杀空中的各种鸟兽。收获的粮食、牧养的牛羊、杀死的猎物都是卡鲁人的口中餐。卡鲁人制作食物的方法非常简单，升起一堆火，将食物烤熟，对他们来说就是一顿美味的大餐。

　　在河谷地势稍微高些的地方，这里一般不会被洪水淹没，卡鲁人便在这些地方修建自己的村庄。说是村庄，其实十分简陋，卡鲁人用泥巴和干草搭起一个个圆形的茅屋，远看就像一个个草垛，圆锥形的

部落中的勇士们用白色的石灰涂抹身体，勾勒出花纹，借以吓唬敌人和丛林中的野兽。

屋顶再杂乱地盖上一些树枝，就可以住人了。卡鲁人的茅草屋都不大，门就更小了，只在房屋的侧面开一个又矮又小的口，每次进入茅草屋都要趴着钻进去。屋内的摆设更是简单，除了几件打猎的武器和简单的生活用品，就剩下一些茅草作为卡鲁人睡觉的床。在卡鲁人的茅草屋外面，就是圈养牛羊的栅栏，为了防止野兽在夜晚进入村庄偷袭牛羊，围栏修建得都很高。这些牛羊的主人就睡在旁边的茅草屋里，主人只有时刻守护着这些财富才能放心。

如今的卡鲁人，依旧在奥莫河谷中安然生存着，奥莫河谷就像一个温床，卡鲁部落就是它怀中的婴儿。河谷中的原始生活，在我们看来虽然落后艰难，但卡鲁人却十分满足。每天自然、舒适地生活在河谷中，一住就是1 000多年……

打猎归来的勇士们，身上涂着泥土，头上插着羽毛。

文/孙海杰
图/Hector Conesa

用铜环拉长脖子的长颈族人

长颈族女人的脖子是连丈夫也不能窥视的禁地。她们一生中只有在结婚、生子以及去世时才会取下铜环，露出伤痕累累的脖子。

站在泰国北部清迈的素贴山顶，朝西北方向望去，是一坡又一坡连绵的绿色密林，这些密林里藏着许多故事。在盛开的罂粟花丛里，有"毒王坤沙"的海洛因大本营、有当年溃兵的窝点、有与世隔绝的山区土著部落。在这些土著部落中，长颈族总是吸引着外人惊异的目光……

"长颈族"是外人的通俗称呼，这个部落真正的名字叫"喀伦族"。他们原本是一支缅甸山区部落，居住在深山密林里，过着与世无争、自给自足的耕作生活。这个部落的女人一生都保持着在颈项套上铜环的传统习俗，最多可以达到32圈，重达20多公斤。在铜环的作用下，女人们的颈项被拉得很长，最长据说达到32厘米。这便是"长颈族"得名的由来，充满了惊悚的意味。

在密林里生活的日子，让长颈族部落的人们遗忘了很多记忆。他们是如何起源的？从哪里来？在这个世界已经生存了多少年头？即使长颈部落内学识最丰富的老者，也无法回答这些问题。他们的目光在丛林的迷雾中显得虚无缥缈……

最大的一支长颈族部落生活在一个叫湄宏顺的地方。部落里的长者说：许多年前，为了寻求更安定和美好的乐土，大约二三十人的长颈族先祖组成一个迁徙的队伍，翻山越岭走了几天几夜来到这里落户，留在了山清水秀的湄宏顺。"湄宏顺"在泰语里的意思为"雾之城"。如今，长颈部落在此繁衍生息，已经有大约200人，形成了一个海拔3 000米的山区小镇，空气清新，风光旖旎。

虽然在岁月的风沙中，长颈族的很多历史记忆被湮没，但女人佩戴铜环的习俗却坚强地传承下来了，保持着与远古先民们相同的本色。正因为部落的很多记忆都已模糊，所以关于这个习俗的起源也众说纷纭。比较通常的解释有三种。第一种说法是，长颈族的祖先世世代代都生活在森林里，与猛兽为邻，而铜环发出的声音有着驱赶猛兽的效果。第二种说法则跟土著部落之间的战争有关。为了不让部落中的女人被别的部落掠去，长颈族就采用佩戴铜环方式拉长女人们的颈项，让女人们变得丑陋。不料，当初无奈的丑化方式，现在却变成了这个部落独特的审美观。第三种说法最为浪漫。长颈族是一个崇拜龙凤的民族，男人都要追求做龙，女人都要追求做凤。女人从小在脖颈上套圈，将脖颈拉得长长的，并微微前倾，加上手臂和小腿上的铜环，走起路来像凤凰腾飞的姿态。如今，部落的人们早已不再追究佩

女孩子从小就在脖子及四肢上套上一公斤的铜环，从10岁开始每年增加一个，直到25岁。这些脖子长长的女孩子站在吊脚楼前，他们微微前倾的头，如同凤凰一般……

长颈族人

长颈族女人们都有一双灵巧的手。她们织布纺纱,在集市上换家里用的其他物品。

戴铜饰习俗的由来,他们相信这是财富与美丽的象征,习俗代代相传。

佩戴铜环让颈项变长,如果这是一种美丽,但那也一定是残酷的美丽。部落里有专门从事缠铜圈的技师,女孩在缠环之前要先做好几个小时的推拿按摩。缠环结束后,女孩家人要请全村人一起来热闹庆祝一番。当所有人欢歌笑语时,没人会注意到女孩子眼眶里的泪水……

最开始佩戴铜环的时候,她们皮肤被磨得又热又痒,一抓就会皮破血流。长久以来,长颈族女人能做的只有默默忍耐疼痛,慢慢习惯。最难捱的季节是夏天,此时脖子上的铜环会被炽热的阳光烤得滚烫,让皮肤难以忍受,而她们只能去河里泡着,用最原始的办法给铜圈降温,以熬过炎炎夏日。为了保护脖子,女人们用祖传草药来清洗自己的脖子。在层层沉重的铜环支撑下,女人们的头颈骨已经严重退化,到成年之后,她们的头颈已经无法自由转动,而且不敢取下铜环——失去了铜环支撑的脆弱脖颈会轻易折断。长颈族女人的脖子是连自己的丈夫也不准窥视的禁地。她们一生中只有在结婚、生子以及去世时才会取下铜环,露出伤痕累累的脖子。

也许是地理相近的缘故,长颈族的生活习俗和中国傣族很相似,他们也居住在高高的吊脚楼上。然而和傣族吊脚楼不同的是,喀伦族的吊脚楼虽高,但比较简陋,楼下部分也没有任何的用途。吊脚楼的通楼里只有一间不分里外的宽大房间,长颈族的日常生活用品全都放在这里。靠门的一边放着锅碗瓢盆等生活用具,而稍里面一点则放着衣服和被褥。房间四壁透风,下雨的时候还会有丝丝雨露随着缝隙飘进来。

在长颈族里,女子的服饰也根据年龄各不相同。未婚女子穿的是白色的传统服饰,看上去素净洁白,颇有摆夷风情,而已婚女人则穿着黑色或者蓝色的上衣,下面裹着滚有五颜六色彩线的民族长裙。女

在长颈族的村落中,到处都有如同傣家吊脚楼这样的民居。四周的田野里,勤劳的族人们耕种粮食。

138 长颈族人

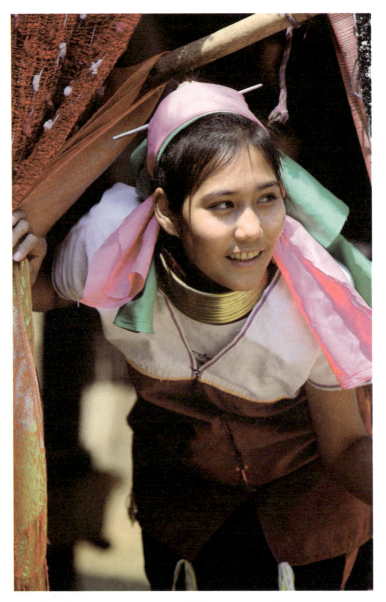

做任何事情的时候,女人们脖子上都戴着沉重的铜环。

崇拜龙和凤的长颈族人，就算是在田野里干农活，那些精致沉重的铜环也让女人们拥有着凤凰一样的身姿。

人上了年纪以后，就会终日枯坐在闷热潮湿的草棚里编织着布料，用残余的生命为部族贡献最后的光与热。而男人进入长颈部落则一定要穿沙龙，那是一种类似云南西双版纳女人穿的裹裙的服装。

随着泰国旅游业的发展，长颈部落居然因为独特的习俗，比泰缅边境的其他部落生活过得好很多。个中情由，真是让人感叹！长颈族的女人们站在吊脚楼上，长而怪异的颈项上配着层层铜环，涂脂抹粉，用盈盈微笑面对着充满各种感情色彩的目光。然而，她们的灵魂是否能坦然接受这一切？也许只有她们自己知道。甚至有些长颈族女子为了生计，不得不和其他畸形人一起在马戏团表演……

文/吴肃爽　图/Guido

莫西人 下嘴唇上安装盘子

最初是为了不成为奴隶，现在是为了独特的审美观，女孩子的"成人礼"是在下唇上安装一个巨大的盘子，盘子上点缀着白色的花纹。

埃塞俄比亚作为"非洲屋脊"，这里有无数引人入胜的历史古迹。方尖石塔、阿克苏姆石碑、塔纳湖岛上科普特人修道院以及拉利贝拉的非洲耶路撒冷的岩石教堂……

可是，璀璨如斯却仍旧不能代表这个地区的全部风情。因为在埃塞俄比亚西部的奥姆低谷中，24个原生态部落仿佛是世外桃源，演绎着他们自己的历史，传承着不为人知的文化。这24个部落中最具特色的要属"莫西族"。

"几乎要把盘子都吃下去"，是形容一个人饥饿之极，狼吞虎咽的样子。莫西族人不但把盘子吃了，而且还挂在下嘴唇上，因为这一奇特的风俗，又被人称为"盘唇族"。

据说，第一批到达这里的探访者被吓了个半死，那些头顶水壶，抱着孩子，半裸着上身的女人们，下唇被大大小小的陶盘撑得圆鼓鼓的，就像拖着一条惊人的大舌头，又如同叼着一只笨重的大口袋。

好端端两片嘴唇，何必非要盘起来呢？

传说，莫西女人在下嘴唇上撑一只盘子，是为了把自己变成丑八怪，用这种极为残忍的办法防范被别的部落掳走成为女奴隶。在莫西族女人的心中，宁可丑陋痛苦地戴着大盘子，也不愿美丽而幽怨地做一世女奴隶。

天长日久，莫西族的审美标准居然改变了，盘唇成了女人勇敢和美丽的标志，象征着"女性气质和生育能力"。以至于到后来，如果不盘唇，再漂亮的女孩也嫁不出去，即使嫁了出去，也得不到丰厚的嫁妆。至于体面幸福的婚后生活，更是痴人说梦，犹如欧洲女性束胸、中国女性缠足一般。为了日后的幸福生活，"莫西族"少女也只能选择忍受巨大的心理压力和肉体痛苦，从15岁开始盘唇。

盘唇首先得准备"唇盘"，这种特殊的黏土盘一般是由佩戴者自己制作的，上面都画有装饰性图案。唇盘的自然色是白色，人们会用不同的天然颜料把它们染成红色，或者用草和烧过的植物将其染成黑色。

女孩们流着眼泪，忍受着巨大的疼痛，把下嘴唇穿透出一个血淋淋的"肉窟窿"。能撑下多大的盘子，就要看女孩子们的忍受能力了，如果忍耐疼痛的能力大一些就塞进去大一号的盘子，如果表示无

走进莫西人的村落，首先看见的就是一个一个的蘑菇形草堆，这些草堆便是莫西人的家。他们在奥莫河谷中，守着一方净土，过着与世无争的日子……

女人们为了部落独特的审美观,在成人仪式上便要安装一个巨大的盘子,在手上和腿上也要套上无数个金属环。下唇的盘子只有在吃饭的时候和丈夫死亡后才取下来。

法忍耐,就只能从小号唇盘开始。撑的唇盘越大,女孩父母就能在女孩出嫁时拿到更多的彩礼。为了佩戴唇盘,换取日后的幸福,不少莫西族少女付出了自己宝贵的生命。在塞进去唇盘后,女孩们还要忍受漫长而疼痛的煎熬,她们必须小心翼翼地擦拭伤口,以免伤口感染溃烂。为了适应唇盘,大多数少女还要摘取掉自己下颚的牙齿……唇盘是可摘取的,平时戴上,吃喝时再摘下来。当偌大的唇盘被摘下来后,盘唇女人的下唇像一根肉肠一样,软塌塌地耷拉在下巴上,十分可怖。在婚后,唇盘则时刻提醒着莫西族女人和她们的丈夫密不可分。如果丈夫去世,就必须扔掉这个唇盘。莫西人几乎把唇上的洞与他们生活里的所有方面联系在一起,例如家畜的健康、水是否可以饮用以及子女的命运等等。

当然,并非部落里的所有女人都有资格戴上大号的唇盘,只有那些家境显赫的女孩,才有资格安装。

除开"唇盘",莫西族人恪守着部落千百年来的生活传统和信仰。

走进莫西族部落,你会看到一垛垛的"草堆",再走进一看,会看到"草堆"有开口——这种奇特的"草堆"就是莫西族人的居所,别看草堆小,但它厚实坚固,而且在气候干燥炎热的奥莫低谷,"草堆"内部异常凉爽。"草堆"里铺着巧手的莫西族妇女所编制的草

这些蘑菇形的草堆房子,用树枝、牛粪和茅草搭建,看起来简单,却是莫西人最温暖的避风港。

在奥莫河谷雄奇美丽的风景中，莫西族的盘唇习俗延续了千万年。

席。虽然是居所，但莫西族人一般将家什放在外面，"草堆"只用来睡觉休息，所以称它为莫西族人的卧室更为贴切。

莫西族人也辛勤劳作，他们耕种和放牧，妇女们在每年雨季后种一些玉米和高粱；但主要依靠放牧维持生活，莫西族人把牲口看得金贵，他们信仰万物有灵，坚信可以通过观察动物的内脏预见未来。在历史上，还曾与邻居伯迪人、班纳人为争夺畜牧而发生战争。所以当你看见莫西族男人们拿着AK-47步枪放牧就可以理解他们的行为了，而且千万不要轻易靠近牧群。族人们用粮食和牲口在外面的市场上换来枪支、兽皮、象牙、谷物、盐和亚力酒。

在都市人的眼里，莫西族人的生活近乎原始般地单调乏味，他们年复一年、孤寂地劳作于被撒哈拉沙漠严重侵蚀的土地上，女人们日复一日地为丈夫和孩子烧煮着小米饭，一个接一个地为家族繁衍生

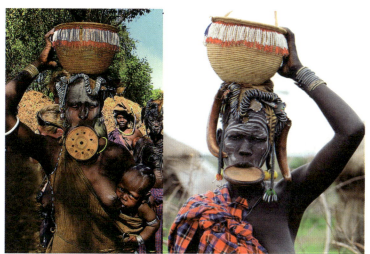

只有部落中有钱人家的女儿们才有资格安装一个唇盘，唇盘的大小决定这个女人的价值。男人们挑选妻子时，最先看的便是女人唇盘的大小和花纹的繁复程度。

莫西人

女孩子们在安装唇盘之前，会自己做一个盘子，点缀上白色花纹，等待着安装到她们的下唇上，伴随她们度过人生最重要的时间，直到另一半死亡才取下来，留下挂在脸上已经变形的下唇。

息。她们的婚房只是用红土加玉米干构筑而成,她们的婚床只是铺放在红土地上的简陋草席。没有橱柜,她们将这一生最漂亮的婚衣嫁妆挂在土墙的钉子上;没有椅子,她们盘坐在地上或矮小的土墩子上准备一日三餐,没有炉灶,她们用石块支起红土罐、点上干草烧煮食物。

尽管生活艰辛,莫西族女人亦有爱美之心,她们从集市上买回各种款式的假辫,忙里偷闲请好姐妹把色彩斑斓的假辫和自己卷曲的短发编在一起。这些琳琅满目的假辫代表了莫西族女人对于美丽的向往和生活的热爱,也是一种品位和时尚,远远看去,宛如都市女子戴着一顶高贵典雅的礼帽。族人们身上涂满了色彩鲜艳的颜料,脖颈、嘴唇、耳朵、头上的装饰尽显原始风情。女人的嘴唇和耳朵上都装饰着刻有花纹的大大小小的盘子。除了嘴唇和耳朵,她们的头上和脖子上也会佩戴具有土著风情的饰物,颜色一般由红、黄、绿这三种"泛非洲色彩"构成。

莫西族部落的生活如同这片土地一样荒芜而贫瘠,然而这一切并没有摧垮他们的尊严和意志,莫西族的祖先们曾经创造出了一个辉煌而荣耀的亚腾加和瓦加杜古王国,并将这一承载史册的骄傲一代代传承至今。莫西族一直顽强地守卫着自己的土地,而且时刻告诫后代:唯有土地才是莫西族人的财富。

面对外来文明的侵袭,莫西族部落似乎正处在进退维谷的尴尬境地。他们所展示的独特文化和政治独立,是他们的骄傲之源,但是他们也承认,这种早就被其他部落抛弃的古老传统可能正说明了他们的落后。现在部落里有很多年轻女孩开始拒绝盘唇,虽然她们可能会面临在莫西部落找不到丈夫的难题,但她们似乎已经做好脱离这种落后的陋习的准备,准备迎接莫西族女人的新生活。

文/吴肃爽　图/Guido

阿卡人 满口黑牙才能算美人

女人必须在怀有孩子之后才能出嫁。婚后,妇女就不会再穿上衣,就算穿上衣也会露出乳房,夫妻双方不能睡在一张床上。双胞胎在阿卡人眼中是最大的灾祸,如果哪一家生了双胞胎,部落的首领就会把双胞胎统统杀掉……

东南亚的高山地带,气候湿热,原始森林广布,层层的森林像散不去的绿色浓雾萦绕着大地。在这片浓绿色的雾中,有各种奇异的植物、艳丽的花朵、甜美的野果,也有可怕的昆虫、蟒蛇和野兽。但对于高山上的阿卡人来说,这些雨林中的特有"居民",就像他们的邻居一样。

阿卡人算得上是中国的近邻,它和中国的哈尼族同源。在茫茫的原始森林中,阿卡人没有什么国籍的概念,他们居住在缅甸东北掸邦、老挝北部、越南西北部和泰国。在这片森林中,他们建立自己的村庄、拥有自己的文化和语言。阿卡语与哈尼族语言相同,都属于汉藏语系的藏缅语支,但他们没有自己的文字,长久以来,靠刻木和绳结记事。

在外人看来,此起彼伏的高山像一张巨网紧紧地把阿卡人束缚在其中,但对于阿卡人来说,高山

阿卡人勤劳，热带雨林中，他们辛勤耕种，把雨林中的一切都视为部落的财富。肥沃的土地、树木的灰烬、刀耕火种的原始生活，以及阿卡人随性抽的几口土烟，日子便如此惬意……

中也存在着各种各样的宝藏，来满足他们的生活。在高山的缓坡，随处可见阿卡人开垦的梯田，一层层的梯田种植着阿卡人生活必需的水稻、玉米和黄豆等作物。雨林是一笔巨大的财富，阿卡人焚烧掉一片雨林，开垦出一片一片的耕地。雨林肥沃的土地再加上树木的灰烬作为天然的肥料，满足了种植作物所需的营养。但是每一年收获的粮食只能满足阿卡人4个月生活，其余的时间，阿卡男人会上山打猎，女人们带着小孩采集树林中的野果。在阿卡人眼中，雨林中的一切都可以作为生存的财富，雨林中丰富的动物、植物和土地也满足了阿卡人刀耕火种的原始生活。

阿卡人是一个嗜烟的民族，热带雨林的气候非常适宜烟草的生长。在阿卡族，几乎每个人都有吸烟的习惯，坐在自家的门前，拿起长长的竹筒，缓缓吸一口土烟，品味烟草与雨林湿润的空气组合的气息，这是阿卡人再正常不过的生活习惯。很多阿卡男人有吸食鸦片的癖好，在缅甸和老挝的很多阿卡人靠种植鸦片为生，山上的罂粟花美丽又透出点点的恐怖。由于当地政府的强行制止，鸦片种植的面积已经大大缩小，但这片被称作"金三角"的地带，依然是世界上最大的鸦片种植区域。

自给自足的原始生活养成了阿卡人无拘无束的生活习惯，他们在开垦的梯田旁边建立自己的村庄。当梯田土壤的肥力下降，不再适宜种植作物时，他们的寨子就会搬迁至新的山坡，继续焚毁山林，开垦梯田。阿卡人住在茅草屋内，这种茅草屋拥有不同的房间，客厅、卧室、厨房一应俱全。由于丛林内十分潮湿，阿卡人的房屋往往是悬空的，地板与地面大概有一米的间隔，整个房屋靠多根粗大的木桩支撑，这种结构在东南亚地区很盛行，能有效阻隔地面的潮气。另外，阿卡人的床铺往往都很高，这样做也能尽量避免床铺受潮。

丛林里生活的阿卡人，服装也别具一格。平时的衣物以蓝色和黑色为主，女性会在胸前的衣服上挂满银币串成的装饰品。蓝、黑的衣服绣着各种漂亮的花纹，再加上银色的装饰与阿卡人棕色的皮肤搭配，相得益彰。说到阿卡人的装饰品，不得不提阿卡女人的头饰，阿

走进阿卡人的村落，随处可见他们开垦出来的梯田。梯田中种植着稻谷，层层碧浪随风漾起。

卡女人的头饰是用银币和各种珠子串成的，包住盘得高高的头发，再在后面插几根颜色鲜艳的羽毛，独特的造型、艳丽的颜色就像头顶站立着一只丛林中的鸟。男人也会戴帽子，男人们的帽子就朴素多了，一般也是蓝色或黑色，圆锥形的帽子戴在头上，再搭配简单的装饰，大方又不失美观。

黑色的牙齿是阿卡族的一大特色，爱美的阿卡族女人都拥有一口黑牙。阿卡人用自己独特的方式把牙齿染黑，他们用当地特有的热带植物吉司亚的树皮与烟叶和石灰粉混合，再用槟榔的叶子包住放入口中。长期使用这种特质的"美齿"草药，牙齿就会变成黑色。黑色的牙齿源自一个美丽的传说，很久以前有一个黑色牙齿的女人，与阿卡族的祖先结婚，后代不断繁衍，渐渐形成了今天的阿卡人。因此，拥有黑色的牙齿，不仅仅是爱美，更是对祖先的尊敬。

在阿卡人的婚俗中，女子只有怀孕了才可以出嫁，而结婚也很简单，只要征得头领的同意，男女双方就可以结为夫妻，但是

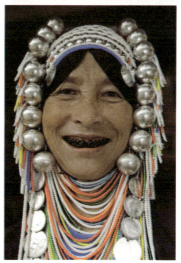

为了漂亮，女人们用当地特有的吉司亚树皮和烟叶、石灰粉混合，再用槟榔叶子包裹着含在口里，让牙齿变成黑色。

女方还需要征得男方家族中年龄最长的女性同意,才能真正加入男方的姓氏,受到男方家族的庇护,结婚后才把肚子里的孩子生下来。女人在结婚前就已经生下孩子,在阿卡人眼中是不吉祥的。阿卡人的婚礼也比较简单,婚礼当天,族长向村寨中的众人宣布男女双方结为夫妻,众人为新人唱起传统的歌谣,送上真诚的祝福。婚姻对于阿卡人来说是一条重要的纽带。村寨中的男女会与其他村寨的人通婚,通过这种方式增强与其他村寨的联系。结婚后,阿卡人的妇女就不会再穿上衣,就算穿上衣也会露出乳房。

如今,整个阿卡族处在母系与父系氏族的交替期,夫妻的生活非常奇特。男人和女人不能在同一张床上睡觉,他们的房子中间必须有一种叫"露卡"的东西把男女隔开,女人不能走男人的楼梯,不能和男人共用一个物品。但是女人也有自己的权利,例如在家中,祭祀用的祭台会放在女人的房间里,家族的重大事务也必须有家中年龄最长的女性参与。

阿卡人信仰万物有灵的原始宗教,他们有自己的图腾,而且信仰的图腾丰富多样,虎、鹰、燕子、蛇在阿卡人眼中都是神物。阿卡人对祖先也保持着崇拜,如今的部落结构相传就是阿卡人的祖先留下的。据说,他们的祖先因部落太过混乱,于是拿出三颗鸡蛋,分别孵出了头人(又叫攀车)、宗教头领和铁匠,就是今天的部落管理者。时至今日,阿卡人依然会举行祭拜祖先和天地神的秋千典礼,在典礼上,所有的族人会聚在一起直到深夜,向神灵祈福。在阿卡人眼中,村寨的大门也是神灵留下的圣物,可以辟邪,所以,没有人敢得罪门神。每年村寨的人都会在村中巫师的带领下进行祭祀,并在祭礼后重修大门,以此表达对门神的敬仰。此外,双胞胎在阿卡人眼中是最大的灾祸,如果哪一家生了双胞胎,部落的攀车就会把双胞胎统统杀掉,运回部落的发源地,然后举寨搬迁,离开这片已经被厄运笼罩的土地。

千百年来,阿卡人不断在雨林中开垦土地、迁移,但从未离开这片雨林。在这片多国国界的地区,阿卡人虽然不同部落各有各的国

阿卡人的集市非常热闹,女人们喜欢的烟叶、各种精致的饰品以及日常的生活用品都可以买到。

阿卡人的美丽是一种袒胸露乳的豪放和满口黑牙的独特，这样的美丽外人也许不太容易接受，但是对于阿卡人来说，已经延续了很久很久。

籍，但在他们心中，他们有着强烈认同感，阿卡族是一个整体。如今，各国政府加强了对阿卡族的扶持，阿卡族的未来前所未有的广阔，不仅可以过上更稳定的生活，他们的传统和文化，也可以走得更远、更美。

文/孙海杰　图/Lite Choices

在下巴上镶嵌木棍的 佐埃人

佐埃人一生中,要换3次下巴上的木块,一次比一次更大更长,每一个佐埃人都必须经历这样的痛苦,人生才会变得完整。

在郁郁葱葱的亚马逊热带雨林中,亚马逊河隐匿其中。河水蜿蜒地流淌过巴西帕拉州北部,在这片神秘的峡谷中,生活着一个原始印第安人部落——佐埃。

关于佐埃的来源,到现在为止并没有特别详细的说明。作为巴西土地上最为原始的居民,他们一直默默无名地隐居在帕拉州的美丽峡谷中。直到20世纪70年代,一个地图测量和矿产资源探寻小组,意外地闯入了他们居住的地区,才发现了这个神秘的印第安部落。而"佐埃人"这个称呼,则源自于他们被发现时的自称。

据巴西印第安基金会提供的资料,巴西现有约40万印第安人,有200多个部落,而佐埃人,是其中人数最少、保存最完整的原始印第安人部落。在巴西现有的无数个土著部落中,佐埃人实在算不得出名。他们的人数稀少,整个部落的人数还不足200人,并且几乎不与外界联系。这些佐埃人在巴西帕拉州北部的峡谷中,零零落落地分布在相隔数十甚至数百公里的4个村庄里，过着完全隔绝于世的生活。一直到1989年，巴西政府才首次向世界宣布佐埃人部落的存在，确认其居住地为印第安人保护区之一，佐埃人才渐渐为世人知晓。

和其他生活在热带雨林中的人一样，佐埃人的生活环境并没有什么特别之处。热带雨林中终年炎热的天气让他们长年都赤身裸体，当然有时候他们也会用漂亮的树叶花草蔽体。但是，在佐埃人的部落里，却有一个习俗是其他印第安部落没有的。佐埃人不论男女，在他们认为成年的时候，父母便要为子女举行隆重的成人仪式。成人仪式的时间大概是孩子10岁左右的时候，这时候父母会精心准备一根用白色树枝做成的小木棍，然后用这根小木棍从下往上穿透孩子的下嘴唇。并且，小木棍会随着年龄的增长而更换，一生中差不多要换3次，而更换的原因是年龄增长身高增加。成年人嘴唇上最长的木棍可长达16厘米。

佐埃人在下嘴唇上穿木棍的习俗不知由何演变而来，现有的记录表明，佐埃人认为，在下嘴唇上穿木棍会使男人更有阳刚之气，女人更摇曳多姿。在巴西印第安基金会保存的现存唯一一部关于佐埃人近况的纪录片中，一个佐埃人生活的村子，人类学家帕苏埃罗先生与一群佐埃人亲切地交谈着。一个青年男子嘴上的白色木棍长约15厘米、

佐埃人疯狂地崇拜着夜空中明亮的月亮，他们说自己是月亮的孩子。每当月光晴好，他们便载歌载舞，祈求居住在月亮上的先祖保佑……

安装在佐埃人下巴上的木桩，从他们的成人仪式开始，便一生都不会离开他们。

直径约2厘米，厚厚的嘴唇虽然有点合不上，但并不影响其说话和干活。

现在仍无从得知在最开始的时候，佐埃人选择在下嘴唇穿木棍的种种缘由，只能肤浅地理解为追求美观的因素。历史长河带走了太多我们无从追溯的过去，仅留下了一些可供猜测的代代相传的古老习俗。

由于人员稀少，佐埃人的社会结构非常分散，不论是村庄还是家庭，都是简单地以年长者为尊。大多佐埃人的居住模式是定居一方，在自然条件较好、物产较丰富的地方从事简单的农业生产，自给自足；当然，也有小部分的佐埃人依然过着居无定所的游猎生活，以捕食鸟兽鱼为食。但是，由于鸟兽鱼的数量越来越少，而当地的土壤、自然环境丰沃，越来越多的佐埃人选择定居生活，用木、石制成的工具进行农业生产，种植木薯等。

佐埃是一个非常自律的部落，几乎不会背离他们自己制定的规约，一直保持着非常纯朴、善良的特性。由于长期与世隔绝，他们的信仰也非常朴素。月亮是他们的至高崇拜，他们坚信自己的祖先来自月亮，甚至相信，如今他们的祖先依旧居住在月亮上。于是所有的佐

埃人都自称"月亮之子"。每当月光明亮的夜晚，大家会自发地组织起来，载歌载舞，举行仪式，据说这样便可以趋吉避凶，得到平安。

因为人数稀少，所以佐埃人的部落相当弱小，为了在峡谷中生存下去，他们不得不依靠其他部落。可是迄今为止，他们始终没有被任何部落同化，奇迹般地保留下了本部落的特性，这也称得上是印第安人发展史上的奇迹。

然而历史上，由于部落自身太过弱小，这个坚强地保存了自己全部信仰和文明的部落曾经历过葡萄牙殖民者的侵犯，也常被邻近部落欺负，所以善良的佐埃人通常拥有非常强烈的排外情绪，他们异常害怕"白人"。早期，巴西印第安基金会的专家们试图接近他们时，就遭到了佐埃人用石器器具和弓箭的攻击。后来，这些专家们改变策略，不再急于进入他们的聚居地，而是把食品、生活用品和生产工具放在附近的空地上，让他们自行拿取。慢慢地，部落中才开始有胆大者试着从空地上拿取那些食品、生活用品及生产工具。如今，巴西印第安基金会的一名成员表示，基金会已经拨出一笔资金，专门用于保护佐埃人。为了保护佐埃人，巴西政府也严禁外人随意进入佐埃人的居住地区。

到现在为止，已经有些聪明的佐埃人开始愿意担当部落与现代社会沟通的桥梁。可以相信，在不久的将来，将会揭开这个神秘而独特的部落更多的面纱，让佐埃人之谜为更多人知晓。这个坚强的部落还能在现代文明的侵蚀下保存住多少他们的信仰和习俗我们不得而知，但是我们相信，随着彼此了解的加深，这些丛林深处的月亮之子们将生活得越来越好。

文/张茅　图/Killroy

大三尼奇人　奥莫河谷中最原始的野性

女人们至今还要被施行割礼，儿童的龅牙被视为不祥，男孩子没有牛羊不能结婚……

踏上埃塞俄比亚这块仿佛燃烧着太阳的红土地，荒凉而贫瘠的大地从未改变过它苍老的模样，这里没有美丽如画的风光，没有风调雨顺的四季，高原中央的奥莫河像一只呜咽的横笛，流淌过的地方都发出沉重的叹息……那是一双双布满老茧的手，是一张张被烈日晒黑的脸，是一声声野性的呼唤。

奥莫河只是非洲大地上毫不起眼的一条河，在它的下游，繁衍着一个叫做大三尼奇的部族，据说他们是上古时期姆帝国子民的后代，因为姆大陆沉没而迁徙到此生活至今，部族老人们的口中还流传着万年前帝国首都喜拉尼布拉的繁华。

大三尼奇在当地土著语中意味着"没有其他地方比这儿好"，虽然历经沧海桑田，部族的人们依然保存着一丝当年姆帝国子民的骄傲——虽然他们到现在，依然过着和万年前区别不大的原始生活。

奥莫河谷地区，由于有着山脉和草原的天然地势阻隔，未曾受到异族的入侵，这里独特的民俗得以完整保存至今，直到19世纪六七十年代，这些与世隔绝的部落才被考古学家发现。

大三尼奇部落和摩西部落、卡鲁部落以及阿尔伯莱部落并称为"埃塞俄比亚四大原始部落"。如果说摩西族的盘唇姑娘让人毛骨悚然,卡鲁族的人体绘画让人奇绝惊叹,那么喜欢赤身的大三尼奇族则让人感到原始彪悍的野性——也许他们是这片部族聚居地上最不会打扮自己的部族了。

河畔的达斯村,是大三尼奇族人的聚居地。走进村子,映入眼帘的是圆顶的窝棚、栅栏羊圈、尘土飞扬的土路,还有三五成群的大三尼奇族女人。在烈日的曝晒下,一切都显得陈旧褪色,只有她们身上五彩斑斓的裙布让人感到鲜活。大三尼奇是典型的女性部落,女人在家操持一切,男人白天出去放牧或者到灌木丛中打猎,孩子们几乎都全身赤裸,他们稚嫩的模样让人感到希望。女人们除了下身一块齐脚踝的裙布外,再无衣物,身上的装饰也很简单:大红色的穿珠苏丹项链,银色的金属手链,在下嘴唇上打个小洞,插上羽毛等饰物。年轻女人们还会做个发型——把曲卷的短发和瓶盖一起绑成一根根小辫,看上去十分简陋,但却是她们心中华丽的公主桂冠。

和周围的部族比起来,大三尼奇人的房子虽然同样简陋,但显得更为破旧——只是随便用一些树枝、芭蕉叶和大块的破布围成一个碉堡状的窝棚,里面低矮狭小,只留一个半身大小的洞口。每到做饭的

奥莫河谷的村落中,大三尼奇人穿得色彩斑斓,女人们的衣裙,插在下巴上的木棍和羽毛,以及成群的牛羊,都让这里看起来如同世外桃源……

大三尼奇人认为瓶盖非常美丽,所以他们收集各种瓶盖,做成漂亮繁复的头饰,戴在头上,显示自己的富裕。

时候，女人们不得不蜷曲着身体，探出上半身来，在门口放一块布垫在地上，然后把坛坛罐罐什么的放上去，开始做饭。她们用来煮食的陶罐很有意思，两边各有一个环，用两只特制的木柄穿进去再"端"起来。大三尼奇族人以家族为单位聚居在一起，由受人尊敬的长者作为首领，指导一年四季耕种、打猎以及放牧等生产劳动，并在婚娶丧嫁的时候主持仪式。如今这种家族式的聚居方式已经不再那么严格，一些外姓族人也可以来定居。

在奥莫河谷，各种部族人口加起来将近20万，大家的生活方式都大致相似。大三尼奇部落也不例外——族人们的生活来源主要靠畜牧业和农业，家家都会种植小麦、高粱等作物，圈养牛羊等牲畜。家畜是族人眼中的宝贝，尤其是那些刚出生不久的山羊，大三尼奇女人们像豢养宠物一样没事就把它们抱在怀里轻柔地抚摸，食物上更是一点不含糊，要在清晨找那些沾满露水的新鲜嫩草进行喂养。如果族里哪个男子没有牛羊，是不能结婚的——这意味着没有彩礼……但是在蛮荒的非洲大地上，水草丰茂的绿洲难得一见，就算是在终年不枯的奥莫河畔，也只有一些零星散布的森林和草场，为了争取一点稍微茂盛些的草场，历史上各个部族之间冲突不

大三尼奇的审美也许让外人无法理解，他们像打耳洞一样在下巴上穿一个洞插上鲜艳的羽毛或木棍，头上戴着瓶盖做成的装饰。

不管是男人还是女人,这个部落的人总是爱美的,随处可见下巴穿孔、头戴瓶盖、脖子上挂着彩珠的居民。

断,互有死伤的事情时有发生。农作物虽然不会引起人祸纷争,但也难逃天灾,外面的人视洪水为猛兽避之不及,大三尼奇人却是眼巴巴地盼着每年的洪水季节来临——这样他们就可以在洪水退去后的河畔上种植高粱和玉米。由于种植方法和生产技术极为简单,族人们往往需要靠天吃饭。

每年雨季前,新月初上的夜晚,族人们都要聚集在河畔,由族长带头,献祭上活牛羊,向雨水之神的万迦拉祈祷洪水季的到来,保佑干涸的大地和族人们受到雨水的恩赐,滋润庄稼地,养育牲口。随着时间的推移和政府的援助,现在族人的日子要好过得多,也逐渐停止了和其他部落的战争。大三尼奇部落和几个邻居部落达成了和平协议。他们用白色黏土在自己身上画出象征着停止争斗的图案,将手里的武器放在一边,各部落的首领们站到人群中间高喊着:我们需要和平！你们需要和平！周围人群里也应和着高喊：就这样吧！就这样吧！不一会，大家跳起舞来，在河畔举行盛大的庆祝仪式……

部落里曾流传着一些残忍的传统习俗，其中以对女性的割礼和"冥杀"最为触目惊心。男性的割礼是为了更好地适应生理变化，而部落里的女性割礼，是一种极为痛苦的伤害：在女孩长到15岁时，年长的妇女就会把她的外阴唇割下来，而进行女性割礼的原因，只是因为族人们认为女性的外阴唇不吉利。另外还有更残忍的"冥杀"，族人们视儿童畸形甚至龅牙为"恶灵缠身"的征兆，这种儿童的命运最悲惨，等待他们的是毫不留情的杀戮，然后在嘴里塞满泥土"赶走恶灵"，尸体遗弃在灌木丛中……近些年来，在政府的不断劝说下，由族长下令，大三尼奇部族开始放弃这些传统，但在个别地方还是时有发生……

大三尼奇族人日出而作，日落而息，他们穿行在浸满花香的森林里，徜徉在被岁月埋葬又长出萋萋芳草的绿地里，伫立在带着历史和传说的季风里。面对着蛮荒的原野，奔腾流淌的奥莫河水，面对着天边残阳如血，他们依旧像这片红土地一样，充满了野性，充满了力量……

文/吴肃爽　图/Hector Conesa

奥莫河谷滋养的无数部落中，大三尼奇部落无疑是最喜爱和平、与世无争的部落。

毛里塔尼亚人 只有足够胖才能出嫁

为了长胖,女孩子们从小便开始吃很多很多高热量的食物,哪怕吃得吐出来也不能停止。因为肥胖是她们唯一的选美方式。

无边际的撒哈拉沙漠西部,生活着一个热情的部落。他们居住在帐篷中,他们的女人丰满肥胖,他们对绿色有独特的情怀。他们就是毛里塔尼亚人,沙漠的主人,沙漠的赤子。

有人说撒哈拉沙漠是人间地狱,无尽的黄沙似乎要把一切生命掩埋。在这片大沙漠的西部,存在着很多非洲土著部落,这其中就包括毛里塔尼亚人。他们充满激情地在这里生息,靠农业和牧业为生。他们简单而坚强地延续着毛里塔尼亚的传奇。

毛里塔尼亚人的大部分起源于摩尔人和非洲黑人。他们最早来到这片土地,并有了自己的文化和习俗。大约3 000年前,柏柏尔人来到这里,征服了原有的居民,并建立了王朝。直到13世纪,阿拉伯人统治了这里的柏柏尔人和黑人,从此这里有了阿拉伯文化和伊斯兰教。阿拉伯的宗教信仰和非洲部落的狂野在这里融合,诞生出别具特色的毛里塔尼亚人的部落文化。

大部分的毛里塔尼亚人都会在无边的沙漠中种植谷物、高粱和枣树，也有一部分毛里塔尼亚人以游牧为生，他们牧养牛、羊和骆驼，寻找着沙漠中珍贵的绿洲。在沙漠中，一切生命都是神灵留下的奇迹，对于牧民来说，牛、羊、骆驼是他们最大的财富，因此毛里塔尼亚人打招呼时，不仅要问候人，还有询问一下家里牛羊的情况，这也成为了这个部落的一种风俗。热情的当地人见到客人，会互相咬一下对方的手臂，并留下咬痕作为纪念，这种古老的见面礼节延续至今，其中的原因却不得而知。

传统的毛里塔尼亚部落服装是蓝或白色的大袍，如同漫漫黄沙中的颗颗珍珠。大袍的胸前部位，内缝两个大口袋，可以装钱物，这种极具当地特色的服饰，深受毛里塔尼亚人的喜爱，毛里塔尼亚人穿着这种衣服在黄沙中耕种，在黄沙中放养牛羊，在黄沙中骑着骆驼飞驰。蓝、白的服装在沙漠中格外显眼，如同毛里塔尼亚人不屈服于黄沙的性格和永不泯灭的热情。

最能体现毛里塔尼亚人热情的一定是他们的待客习俗，客人来到家中，主人会用葫芦瓢当场挤骆驼奶给客人饮用，大家轮流喝瓢里的骆驼奶，品味着部落特有的味道，这是当地待客最盛情的习俗。毛里塔尼亚人会用烤全羊招待宾客，将羊串在粗树干上，架火烤熟，他们用手直接撕下羊肉，羊肉的膻味混杂着各种香料的味道，或许还有

撒哈拉沙漠无边无际的黄沙，和滚滚烈日，从来不曾让部落里的女孩子瘦一丝半毫。相反，就算在这样的环境中，女孩们为了嫁个好丈夫，依旧努力地让自己看起来胖一点，再胖一点……

些黄沙的味道。当地人很少喝酒，但会用水和各种奶作为饮料。用餐后，还会为客人献上三杯加糖薄荷茶，苦中带甜，甜中还透着薄荷的清凉，在炎热的沙漠中，薄荷的清凉是一种非常奢侈的享受。关于这种加糖薄荷茶，还有一个特别的讲究：主人希望客人带着香甜的美好记忆离去。

很多非洲部落的女性都认为胖才是真正的美，这种观念在毛里塔尼亚发挥到了极致，在毛里塔尼亚男人眼中，肥胖的女性是巨大的财富，在毛里塔尼亚男人眼中，漂亮的妻子一定是腰身粗、脖子短、臀部突出、乳房高耸。拥有一个"胖妻"是无数毛里塔尼亚男人的梦想，也是一个家族的荣耀。这种外人无法理解的审美观，其实可以从地理因素找到原因。在沙漠中生存是一件非常艰难的事情，尤其是女性，缺乏食物使得她们体瘦如柴，只有富裕人家的女子才能保持丰满的体形。渐渐的，在部落中，女人的肥胖成为了这个家庭财富的判断标准，也成为毛里塔尼亚人心中美的代名词。长久以往，肥胖在部落人眼中是最性感的。传统家庭中的女孩儿在童年时期，会被父母送到"女子肥胖学校"，在这里女孩儿们的主要任务不是学习知识，而是学习如何"变胖"。女孩儿会通过不断地吃食物、喝奶让自己胖起来，与咱们如今追求苗条身材的审美相比，这些毛里塔尼亚女孩儿是不是更幸福？其实，当地女子为了让自己变得肥胖，也需要经过一个非常痛苦的过程。女孩儿被迫吃下大量的增肥餐，女孩儿们从5岁开始每天喝下骆驼奶和牛奶。如果拒绝增肥或者吃下去的东西被吐出来，村子里的增肥专家们便会捆绑夹住她们的双脚，拉扯住她们的耳朵，迫使她们把吐出来的东西再度吃下去。这种强迫进食在毛里塔尼亚人眼中是再正常不过的事情，变胖也是一个女孩必须经历的过程。除了增加脂肪，女孩们还要做一项非常奇特的运动，她们每天定时脱光衣服在软沙上打滚，这样的不断运动会将身体凹凸不平的地方磨得圆润，到结婚年龄，毛里塔尼亚的女孩已经变成只见肉不见骨头的美女。

阿拉伯人把伊斯兰教带到这片土地，从此这里有了真主的庇护。毛里塔尼亚是一个非常虔诚的部落，他们每天都要进行五次祈祷。祈

部落中的女人几乎都比较丰满，比起其他黑人部落来说，她们无疑看起来要胖上很多，因为，对她们来说，瘦是一种丑陋。

祷时，他们面向麦加圣城的方向，虔诚地向真主安拉祈祷，保佑他们能在沙漠中繁衍生息，保佑他们的牛羊健康成长。每个城市都有清真寺，偏远的村落中也会有做礼拜的大帐篷。在部落人的心中，真主的保佑比水源和食物更重要，部落的土地不能失去真主的光辉。

世世代代在沙漠中的毛里塔尼亚人对绿色有着独特的情怀，在他们心中绿色是一种神灵，是沙漠中和平、幸福、光明和吉祥的化身。

此外，毛里塔尼亚人还有很多独特的习俗。毛里塔尼亚人非常保守，最禁忌当众接吻，在他们看来这种行为是非常轻浮的、是对众人和真主的不敬。当地人接送物品，习惯用右手，如果用左手接递物品，是对对方的不尊重和轻视。在毛里塔尼亚人眼中，双日会吉祥如意，单日则是灾祸不利的，因此，当地人的婚礼等庆典都会放在双日举行。时至今日，很多习俗已经说不出来为什么，但是当地人世代守护着他们的习俗。

当地部落最富特色的，一定是名为"哈伊玛"的帐篷。沙漠中气候炎热，因此大多数毛里塔尼亚人都喜爱通气隔热的帐篷。毛里塔尼亚人会在帐篷里迎接客人，在帐篷里举行庆典，帐篷中传出每一阵的鼓声歌声，都像是对大沙漠的挑战。帐篷是部落的标志，不论贫富、不论社会地位，大家都喜欢这种独特的居住方式。黄沙之中，鲜艳的帐篷正是生命的象征，是部落不会熄灭的火焰。如今虽然有了越来越多的楼房，但很多人依然选择在院落里搭起帐篷迎接客人。

当地人富有部落特色的婚礼也会在漂亮的帐篷下举行。毛里塔尼亚人的婚礼极具特色，新娘的父母在婚礼之前不会宣布新娘与新郎的婚约，甚至连婚礼的日期都不会提前透露。当然，婚礼当天新娘一定会精心打扮一番，在这一天她一定是部落中最闪耀的明星。新娘穿上最鲜艳的盛装，佩戴自己最精致的饰品，加上丰满圆润的身材和幸福的笑容，这种自然、纯朴的美与现代城市中的新娘有着决然不同的独特味道。新娘在婚礼这天会把指甲涂成褐色，这是部落中的古老传统，这是毛里塔尼亚人眼中对海枯石烂的爱情充满信心的颜色。日暮时分，亲友会聚集在帐篷下，盛大的婚礼正式开始，新娘穿着传统的黑色斗篷，新郎穿着白色的坎肩，脖子上佩戴黑色的"护里"。鼓手们敲起具有非洲特色的欢快鼓点，妇女们也用手撮出欢快的声音，参加婚礼的每个人在这种气氛的带动下欢快地跳起部落的舞蹈，黑夜的沙漠原本的一片寂静被人们的欢歌笑语打破，仿佛是沙漠又一次被这里的人们征服。而新娘，一定会在一旁羞涩地捂住自己的面庞，这也是部落的传统，新婚的女子会表现出自己的腼腆。

沙漠中这些耸立的巨石是风沙中避风的港湾,也组成了沙漠中难得的奇景,让人流连忘返。

毛里塔尼亚人的婚后生活也非常独特,毛里塔尼亚女子不会容忍丈夫对她们的任何不尊重,丈夫必须对妻子保持忠心,否则妻子会离开丈夫而去,只留给他一个空家和一片没有生机的沙漠。在男人眼中,女人是他们的财产之一,他们必须倾注一生的精力去保护他们的财产,否则他们将无法生存,部落的生命也无法延续。毛里塔尼亚女子离婚后很容易再婚,甚至有女人离婚多达6次,在毛里塔尼亚人眼中离婚次数越多的女人,也就越有魅力。虽然毛里塔尼亚正从传统部落向现代国家缓慢地转变,但世代居住在沙漠中的毛里塔尼亚人,习惯了黄沙为伴的生活方式,至今保留着传统的习俗和文化。沙漠里动人的歌声、欢快的舞蹈、鲜艳的帐篷是他们引以为傲的标志。热情、友好、时刻微笑的毛里塔尼亚人,如同沙漠中的绿洲一样,富有生命力。

沙漠里的日落,总是类似于血的颜色,毛里塔尼亚人骑着骆驼走在回家的路上。

文/孙海杰　图/Attila Jandi

灿烂古文明里走来的 玛雅人

神秘消失的古老文明、关于2012的预言……玛雅的面纱下是传唱千年的传奇。

玛雅，这个带着神秘光环的词语，代表了一个古老部族，一段失落的文明，一页辉煌的历史……

1927年，英国考古学家米歇尔前往中美洲洪都拉斯热带丛林里的玛雅文明废墟考察时，发现了一颗水晶头骨。距今已有千年历史，是古代玛雅文明的产物，它全身晶莹剔透，闪闪发亮，做工精致考究，能在千年之前就拥有如此精美的工艺，令现代人叹为观止。据古老的玛雅传说，水晶头骨一共有13颗，如今散落在世界各地，它们会在某一天相聚在一起，向人类传达玛雅人在这个星球的历史，他们和造物主的关系以及人类的未来……

早在公元1～2世纪，玛雅人就在危地马拉的太平洋沿岸和高原地带建起了高高的金字塔和雄伟的卫城。古代玛雅人习惯立石碑记事，那些刻在石碑上舞蹈般婀娜的文字记载了玛雅人磅礴厚重的文化和历史。除了美轮美奂的建筑，玛雅人在天文学上也造诣很深，他们创造了文明史上最早的历法，把一年定为365天，每年18个月，每个月20天，剩下五天作为禁忌日。在库库尔坎地区，玛雅人还建造了精巧的天文台。玛雅人有过令世人侧目的城市经济，其手工业和制造业的发达水平举世无双，并有了通用的货币，贸易往来直至南美洲的哥伦比亚甚至秘鲁、智利等地。玛雅文化博大精深，他们用树皮或鞣制过的鹿皮制纸，用文字记录下属于那个遥远时代的历史科学和典礼仪式。玛雅文明繁荣了数千年……

公元10世纪后，西班牙人入侵到尤卡塔半岛，开始疯狂地屠杀玛雅祭司、破坏玛雅文化，玛雅文明就此衰落，只在中美洲的热带雨林里剩一些残垣断壁，静静地躺在那里述说着曾经的辉煌和荣耀。一切早已随着烟波浩渺的历史脚步绝尘而去。如今的玛雅人，散落在美洲各处，在村庄或者喧闹的城市里，平静地生活着。危地马拉这个曾经玛雅文化的核心地带，如今仍旧可以看到很多的玛雅部族，他们穿着色彩鲜艳的服饰，普遍从事小商贩或替人打杂的工作。这里的玛雅后裔除了在外形上还保留有祖先的样子，生活习惯和行为举止却非常现代化，他们吃薯条、听流行音乐、戴着手表。

然而，位于太平洋和加勒比海之间的洪都拉斯，却生存着保有玛雅传统风俗的部族。洪都拉斯是玛雅文化的发源地之一。大量的玛雅遗民在这里过着传统的玛雅人生活。

这些恢弘的建筑出现在世人眼前的一瞬间，玛雅的种种神秘也开始带着朦胧面纱迷惑世界……

如今的玛雅女人，仍旧保留着先祖们那灵巧的手工技艺，不管是制作的精美装饰品，还是纺织的彩色布匹，看起来都非常鲜艳美丽。他们经常在头颅上顶着物品行走。

他们日出而作日落而息，居住在普普通通的农舍里。聚居地以社区为单位划分，社区围绕着中心村——那是人们庆祝节日和赶集买卖的地方，中心村里的房屋大都空着，玛雅人平日辛勤劳作，居住在各自的农舍里。曾经有过令世人瞩目的先进制造业和手工业的玛雅人，在这小小的村落里基本过着自给自足的小农经济生活，除部分经济农作物和当地特产销售到外地以换取本地没有的物品外，基本没有贸易往来，手工艺品通常只供家庭所需，工业极少。曾经一度很普遍的家庭作坊式的纺织业也日趋式微，大多用工厂布料缝制自己的衣服。

玛雅人身材普遍矮壮，皮肤黝黑，所以很容易把他们从其他种族区分开来——这或许和他们习惯头顶重物有关。这里的人们非常喜欢和陌生人打交道，他们的热情好客就像这里温暖的气候一样宜人。

村落里的女人们，对色彩尤其情有独钟。她们穿着纱织成的色彩鲜艳的蓬松上衣，下身裹着长及脚踝小方格花纹的漂亮裙子。长长的头发通常被编成辫子。每当节日或赶集的时候，女人们还要带上一些闪亮的耳坠项链。她们总是在这些饰品上雕琢部落的图腾，斑斓的色彩，精致的雕刻装点了女人们的容颜，也装点了整个村落。

传说玛雅文明起源于三口水井。在哺育了灿烂的古文明之后，水井显得如此质朴。

因为玛雅人信仰太阳神，所以她们的图腾往往也雕刻着太阳神。在玛雅漫长而悠久的历史中，她们一直宣称自己是具有太阳光芒的"红种人"。每年玛雅人都会举行太阳神的祭祀。以前，每到祭祀便会挑选出精壮的男子和美丽的处女活体献祭，以祈求太阳神保佑来年可以风调雨顺，大地丰收。人们会唱歌跳舞整整四天，俗称"四天杀"。如今的玛雅人，已经不再活体献祭，但是精壮的男子和美丽的处女依旧是祭祀仪式上的主角，他们带头开始唱歌跳舞，让曾经庄严而残忍的祭祀活动变得歌舞升平。

除了太阳神，在玛雅人心中，还存在着一个完美的世界，主宰世界的神叫伊斯塔——是世上最善良、最公正和充满了爱心的神明。在那里没有苦难和忧愁，也不会有饥荒和战争，那里充满了爱和欢乐，充满了阳光和鲜花。无所不幸福、无所不美好，有的是华美的服装、宽敞的房间和美味的食物，人和人之间亲密无间、和谐相处——那是玛雅人心中的天堂，而为了进入这个极乐世界，人在世的时候必须做好事，死后就可以享受到去那个完美世界的权利。而如果在世作恶多端，穷凶极恶，死后就要去死神

玛雅人精湛的手工技艺简直让人目瞪口呆，尤其是玛雅传说中的13颗水晶头骨，它们的下颚会开合移动，传说中这些头骨还会说话。玛雅的雕刻精致，让人目不暇接。

手工艺可以说是玛雅人最重要的基本技能,他们雕刻图腾制作面具的技能非常精湛熟练,每一个面具都栩栩如生,每一幅图腾都仿佛从远古神话中拓出来的篇章。

弘奥所统治的米特纳尔——即地狱，他会用饥饿、严寒、无休止的苦役和精神虐待等酷刑折磨罪恶之人。

村落中的玛雅男人依旧保存着和其他男人交换妻子的习俗。当年玛雅人在战争后，将男俘虏杀掉祭神；女人则可以被充当妻子，或者拿去交换。对于这一根深蒂固的习俗，政府也无可奈何。洪都拉斯的玛雅男人太爱换妻了，以至于孩子们都不知道究竟谁是自己的母亲，权衡之下，政府颁布法令禁止私下交换妻子只能在集市上进行，而这种换妻集市，也规定每个季度只能开一次。如今的玛雅家庭则相对稳定。

到如今，关于玛雅，留在世人心里最具震撼力的还是古玛雅人关于2012的将迎来世界末日的预言。最近一位玛雅村落的长老站出来辟谣，关于玛雅预言中的2012世界末日实际上是说在2012年后，人类将从如今这个物欲横流、金钱至上的时代进入一个空前的精神文明崛起的时代——那是遥远的玛雅祖先对于现代人类深深的祝福和祈祷。而未来究竟会如何，也许世人无法理解，但是信仰博爱，爱憎分明的玛雅人的心里必然有一杆关于未来的秤，用来权衡他们所谓的真理与文明。

玛雅遗民们至今仍然有着各种祭祀，每当祭祀的时候，他们便穿上特色的部落服饰，借以寻访消失的文明和神迹。

文/吴肃爽　图/ j loveland

辛巴人 红皮肤的游牧部落

他们用红色的石粉涂抹身体和头发,用这样的方式在纳米比亚丛林烈日里保护自己。

提到辛巴,大多数人会想起迪士尼动画中的狮子王,天真调皮又正义坚强。在纳米比亚,真的存在着一个叫辛巴的部落。纳米比亚位于非洲西南部,西濒太平洋,东边与其他非洲国家相邻。辛巴部落聚居在人烟稀少的纳米比亚西北部的丛林里,这里的烈日仿佛从不疲倦,一张大手拼命地掠夺大地万物的水分。但是辛巴人完全适应了这里,红色的皮肤在烈日中好像一件文物,诉说着一个古老部落的传奇。

辛巴族是最早期的非洲游牧部落之一。17世纪,从安哥拉迁移到纳米比亚的辛巴族一度是非洲草原上最富庶的游牧民族,为了保持部落的原始文化,辛巴族的祖先选择退居纳米比亚北部偏远的未被破坏的原始丛林中。他们有自己的语言和文化,有自己的聚居区域与世人隔绝,因此,摆脱母系氏族并不久的辛巴部落堪称非洲的一块珍贵的活化石。

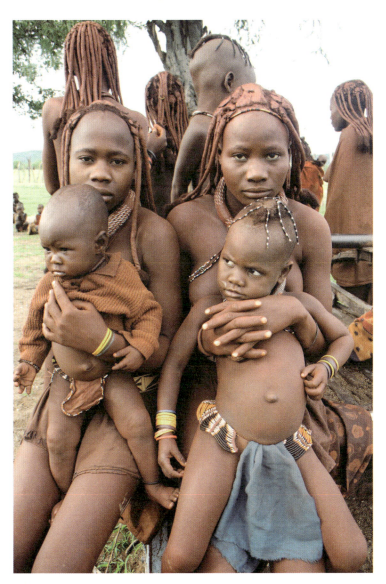

宁静的辛巴人村落中，女人们和孩子等着外出的男人回家；烈日下，红色的辛巴人看起来如此安宁。

非洲的烈日从来都不曾温柔过,然而在这如火的烈日之下,辛巴人依旧崇拜着火焰。对于他们来说,火焰是生活的重要因素,和他们的祖先一样重要……

由于迁移到了偏远地带,今天的辛巴族不再是真正的游牧部落,他们定居在自己的村庄中,但是辛巴人依然靠放牧为生。丛林地带一年中分干雨两季,在漫长的干季,男人们会离开村庄去放牧和打猎,而女人们会留在村庄中,打理家务抚养子女。走进辛巴人的村落,通常会发现村里几乎没有男人,也许是辛巴人的基因独特,辛巴男人的平均寿命都很低,其实这个部落脱离母系氏族并没有多久,再加上男人们多数外出牧牛,因此平时的村庄几乎是女人的世界。

和大部分非洲部落一样,他们的日常饮食也是牛肉和牛奶,同样的牛肉牛奶,在不同的部落却往往有不同的味道。辛巴人在制作牛肉时会加入各种奇怪的香料,使得牛肉的味道非常独特,在浓浓的肉味中还浸润着植物的各种香味。当然,妇女也会在村庄附近水源相对充足的地带种植玉米,玉米成熟后磨成面再制作各种各样的食物。由于聚居区域干旱缺水,辛巴人日常的饮品也就地取材,割开树皮,吮吸树皮中的汁液,汁液的味道非常甜美,外来的游客给这些树取了一个非常有意思的名字:可乐树。长期封闭的辛巴部落对外面的世界同样充满着好奇,糖果和鼻烟在这里广受欢迎,但是由于数量奇缺,在外人看来再平常不过的日常零食,在此地都成为了极其珍贵的奢侈品。

同样根据氏族,辛巴人划分成不同的部落,一个部落聚居在一个

从头发到肌肤的每一寸，辛巴人都用红色的泥土涂抹着，这样可以让他们的皮肤不被烈日晒伤，而红色的泥土也让他们看起来更加美丽。

辛巴村落中的房子用泥土和牛粪修葺,房子很小巧,布置也非常简单。女人们把屋子收拾得很干净,瓦罐等简单的生活物品整齐地堆放在屋子的角落中。

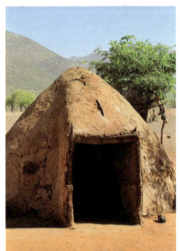

村庄内。因此,一个辛巴人的村庄其实就是一个大的辛巴家族。辛巴人的房屋就像一个个小"土豆"。他们的房屋用泥土和牛粪垒成,每个房子都不大,也就三四平方米。为了防止顶部坍塌,屋子的中间立着一根粗大的木桩起支撑作用,使得本来就不很宽敞的房间更显得拥挤。房间里的设施很简单,没有家具,只在地上铺一张牛皮,这就是辛巴人的床。虽然房间简陋,但勤劳的辛巴女人总能把房间内收拾得干干净净,瓦罐木瓢这些简单的物品也摆放得整整齐齐。对于辛巴人来说,房屋仅仅是一个睡觉的地方,平时的日常活动都在室外的树下进行。在村落中,经常看到树下有妇女在做饭,或者有儿童在玩耍。在村落中,常常会看到一些丫字形的树桩,这些树桩是村落中的神树,正对树桩的房屋一定是这个家中男主人的大老婆。

在一年中的大多数月份,这里都很少下雨,水源缺乏。因此辛巴人从来不洗澡,他们用在当地很容易找到的红色石粉与奶油搅拌均匀后涂抹在全身,看上去仿佛是红色的皮肤和头发。这种涂料不仅看上去充满美感，还非常实用，在烈日的照射下，它们成了辛巴人的防晒霜，防止皮肤被长时间的日晒造成的灼伤，在蚊虫繁多的雨季，它们又能阻隔蚊虫的叮咬，是名副其实的特色"花露水"。

由于天气总是异常炎热，辛巴的男人女人都不穿上衣，裸露出自己红色的皮肤。女人对这样的打扮也不会感到害羞，这也许是因为长久以来的母系氏族传统让人们习以为常。辛巴女孩儿的发型很独特，两根或三根辫子从后向前梳，看上去就像小牛的犄角。由于辛巴人都不穿上衣，小孩的性别最容易从发型上区别，辫子朝前的是女孩，没

女人和孩子很少走出村子，他们多在村里做家事，树下常常有孩子玩耍。

186 辛巴人

有头发或者辫子向后的是男孩。

辛巴人实行一夫多妻制，但与其他部落不同的是，在一个家庭中，地位最高的是男人的正妻。辛巴人十分开放，婚前生子都是非常普遍的现象，在婚前辛巴女人生下的儿子，都由男方抚养。但是即便如此，正式的婚嫁在辛巴部落还是非常隆重的，男方需要送给女方家长一头公牛和两头母牛作为彩礼，这些牛必须足够健壮，否则很难令女方的家长满意。在婚礼当天，辛巴女人会佩戴各式各样的辛巴饰品，尤其是在胯间的彩色装饰和脚上佩戴的脚链，会随着女人的步伐发出各种响声，非常引人注目。在婚礼上，新娘与村庄中的其他亲戚朋友一起起舞欢歌，辛巴人不穿鞋，跳出的舞蹈更显得非常轻盈。

辛巴部落没有自己的图腾，他们崇拜祖先和火。在辛巴，每个部落都各有族长，但与其他部落不同的是，辛巴部落的族长一般都是女人，而且往往是多个女人组成族长群。长期的母系氏族生活已经在辛巴的传统中根深蒂固，虽然真正的母系氏族已经成为过去，但在辛巴人的观念里，母亲是生育后代、延续部落生命的圣者，父亲仅仅是牧牛狩猎的劳动者。因此，主持各种祭祀和占卜活动的大多是部落中的女性。在节日上的祭祀中，女族长带领着部落众人，面向火堆，向祖先的火种膜拜。

在这样恶劣的丛林地带，人类的力量显得十分渺小，种族的延续都显得困难。在纳米比亚独立前，辛巴部落有20万人口，而到上个世纪末，只剩下2万人，成了一个濒临消失的部落。我们赞叹辛巴神奇的文化、顽强的生命力的同时，不得不敬畏他们的祖先，为了部落文化的保留，选择了这片土地，也选择了整个部落世代不变的生活。

文/孙海杰　图/ Dmitry

毛利人 脸上文着黥纹，跳舞吐舌头

家人会把死者的遗体安葬在温泉附近；他们相信，温泉冒出的热气会把死者的灵魂带到天上，带到祖先的身边……

新西兰是个美丽的国家，银白的海岸，明净的天空，广袤的牧场和浓密的森林。海风吹拂下的新西兰湿润宜人，吸引着世界各地的游客。两个绿色的海岛如同太平洋中翠绿色的珍珠，在这两颗珍珠之上最闪耀文明之光的就是岛上的土著居民毛利人。

早在公元10世纪，毛利人的祖先从波利尼西亚中部的社会群岛，乘着相当原始的木筏，来到了新西兰这片土地，并与当地土著美拉尼西亚人通婚，形成了毛利人。毛利人有自己的语言，毛利语属于南岛语系的波利尼西亚语族。毛利（Māori）在毛利语中即"平常"的意思。在毛利人眼中，他们的部族是正常人，而外国人，不论是当时的殖民者还是今天的外来游客，都是不正常的人。

在新西兰，毛利人绝对不是小众群体，在新西兰的国徽上，就有毛利人强壮的身形。如今的毛利人最集中的聚居地位于新西兰北岛中北部的罗托鲁阿，罗托鲁阿在毛利语中是"双湖"的意思，这

每当温泉氤氲的烟气慢慢升上天空,毛利人便相信这是天国的祖先在把新的亡灵带去他们的身边。于是,他们总是在温泉边安葬亲人,与逝去的灵魂做最后的告别……

是个风光秀丽的城市,青翠的森林、秀美的湖水再加上毛利迷人的文化,吸引着大批游客。

毛利人留给外人最直接的印象一定是魁梧。没错,这是一个以壮为美的部落,男人拥有发达的肌肉、高大的身材,连女人也大多身高体壮。

毛利是一个凶悍的部族,他们的男人天生练就了一身强壮的肌肉,毫不畏惧森林中众多凶猛的野兽。在毛利部落中,最常见的服饰当属草裙。男人们上身裸露,展现出发达的肌肉,下身穿着草裙,草裙在走路时上下跳跃,很有意思。女人们也穿草裙,上身比男人多一件鲜艳的上衣,她们也穿兽皮制成的大衣,这是一种款式很原始的大衣,披在毛利女性身上,野性中透着柔美的一面。

生活在小岛上的毛利人,吃穿都来源于小岛和广阔的海洋。除了在丛林中打猎和捕鱼,毛利人也种植芋头、洋山芋等食物。毛利人制作食物的方式非常特别。在毛利人聚居的罗托鲁阿省,地热能源非常丰富,毛利人就利用地热煮熟食物。他们把食物切成块,包在大树叶中,埋入地下。地下的土窖中,有毛利人事先放好的石头,用滚烫的石头把食物制熟然后再食用。这种方法做出来的食物,不仅仅有原材料的味道,还有一股股清淡的树叶的香气和隐隐约约的泥巴味。在毛利人心目中,这是至高无上的土地的气息。

地热不仅仅被毛利人用来制作食物，还给毛利人带来了一件非凡的礼物：温泉。毛利人离不开温泉，就像城市中的人离不开自来水一样。他们最具特色的是"泥浴"，就是用温泉的泥巴把自己包裹住，富含各种矿物质的温泉泥有很多保健的作用，这些泥对于毛利人来说，是一种天然的护肤品。泥浴结束后，毛利人再用温泉的清水把身上洗净。

毛利人几乎人人有文身，而且毛利人的文身是纹在脸上。关于毛利人的文身，还有一个神奇的传说。一个叫Mataora的年轻人与阴间的一位公主Niwareka相爱并结为夫妻。有一天，年轻人打了他的妻子Niwareka，这位公主回到了她的父亲阴间的王Uetonga那里。年轻人伤心内疚，去阴间找他的爱人，一路上坎坷艰难，落魄潦倒的他受到了公主族人的嘲笑。见到公主后，Mataora谦卑地祈求公主和岳父的原谅。最后，公主原谅了他，这位年轻人也从岳父手中学会了文身的技巧，他与公主返回人间，并把文身的手艺流传下去。

其实文身在毛利部族中，有着很多实际的功能。在很久以前，只

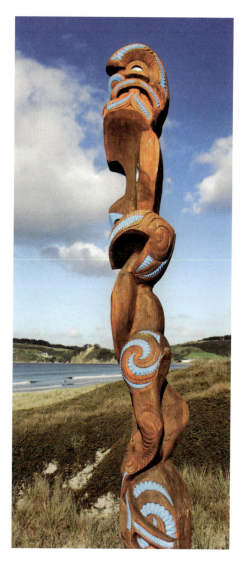

毛利人的木雕中，总是寄托着当地人对魔鬼的憎恶，对美好的向往，所以他们的木雕非常精致，也随处可见。

毛利人精湛的手工艺技术具体体现在木雕和石雕上，这些栩栩如生的雕刻，几乎找不到任何瑕疵。

看毛利人的衣着，难以分辨出人的地位，于是毛利人就通过在面部文身的方法来区别人的地位。毛利人通常在面部纹上黥纹，黥纹越多的毛利人地位也就越尊贵。

虽然毛利人世代居住在小岛上，但毛利是一个相当开放的部族，从19世纪开始，毛利人就不断与外界交往。当时英国殖民者把新西兰变成了自己的殖民地，虽然英军用大炮长枪通过战争占领了这片土地，但并没有在新西兰实行种族隔离政策，因此，毛利人在新西兰的地位不比白人低。毛利人非常热情好客，别具风情的"家庭式"欢迎仪式就突出了这一点。开始时，家族中所有人在两边站好，保持安静，突然走出一位健壮的中年人一声吆喝，然后开始高歌。这时家族中的女人在男人歌声的伴奏下跳起毛利舞蹈，歌舞结束后，家族中的每一个成员会与来客进行"碰鼻礼"。有趣的碰鼻礼大概是毛利最有特色的一张名片，毛利人打招呼最常见的也是这种碰鼻礼。客人把手轻轻搭在主人的肩膀上，主人用鼻尖轻轻碰客人的鼻尖，然后再用鼻尖去触碰客人的前额。

毛利人还拥有一双巧手，他们能制作各种各样有趣的工艺品。在毛利还没有文字的时代，毛利人的祖先们通过刻

心灵手巧的毛利人制作出来的各种小巧饰物是附近集市上非常抢手的商品。

每一个毛利男人都是出色的战士，每一个毛利战士都会跳他们部落的战舞，他们穿着草裙，展示着矫健的身姿，穿着草裙把勇者的精神用舞蹈表现出来。

木记事，记载毛利历史的木刻越来越复杂，慢慢发展成了一种精美的工艺品。木雕的由来，也起源于一个在当地流传得很广的神话。一个名叫鲁阿的毛利人祖先，有一天他的两个儿子被海中的魔鬼带走，魔鬼把他的两个儿子变成了两个木桩，立在魔洞的门口，当鲁阿寻找爱子，来到洞前的时候，发现了很多木雕，这些木雕竟然能互相说话，后来鲁阿打败了魔鬼，救出了自己的爱子，也带回了所有的木雕，从此，木雕就成为了毛利人钟爱的艺术品。除了木雕，毛利人也制作石雕，尤其是在绿石上的雕刻，这些绿石的雕刻不仅仅是艺术品，更是毛利人心中的神圣物品，他们认为这些石头会保佑村落和部族的成员。

音乐和舞蹈是毛利人奉献给世界的文化奇葩，最出名的是一种叫做HAKA的战舞。每一个毛利男人都是一个出色的猎人，都是一个英勇的战士。在表演战舞时，毛利男人身穿草裙，上身赤裸，露出自己发达的肌肉。这种叫HAKA的战舞和夏威夷的草裙舞有些类似，但更多了

罗托鲁阿美丽的自然风光，清澈的湖水滋养着这些能歌善舞、心灵手巧的毛利人，无数的地热温泉是他们最宝贵的财富。

音乐、舞蹈是毛利人生活中非常重要的部分，几乎每一个毛利人都是天生的舞者，他们在属于自己的音乐中翩翩起舞，快乐得如同小鸟一样。

一分威武。各种乐器在他们的手里就像玩具一样，轻而易举就能演奏出颇具毛利风格的音乐。跳跃的音符，再加上毛利人轻盈的舞蹈，重现了当年毛利人先祖在丛林中追逐野兽的场面……

毛利人对祖先十分崇拜。几乎每个毛利家庭都有自己的传家宝，在他们看来，祖先留下的宝物具有灵性。保存好这些宝物，并且把它们一代代传承下去，祖先的灵性就会长存，家族才能连续不断、平平安安。毛利人对死亡有着独特的理解，在他们看来，逝去的人在另一个世界，就会与祖先会合，并凭借祖先赐予的力量，保护整个家族，因此，葬礼在毛利的文化中有着很重要的地位。如有家庭成员死亡，亲人们即使分散各地，也会回到家乡与逝者告别，同时也祈求逝者的保佑。死者的家人会把死者的遗体安葬在温泉附近；他们相信，温泉冒出的热气会把死者的灵魂带到天上，带到祖先的身边……

文/孙海杰　图/Jose Gil

体型如同电冰箱一样的萨摩亚人

男人们一生如果能花1个小时的时间,"勤劳地"种下10棵面包树,那算是对后代子女们负了全部责任,至于其他的时间,散步或者晒太阳就可以了。

浩瀚的南太平洋南部,无数珍珠一般的岛屿中,有一个小小的岛国萨摩亚,由萨瓦伊和乌波卢两个主岛及周围的7个小岛组成。这个小小的岛国只有几十万人口,但是美丽的风景、悠闲的生活让这个国家成为了南太平洋上的旅游胜地。苏格兰作家史蒂文森把这片繁荣而闲适的岛屿称为"珍宝岛",是的,快乐,就是萨摩亚的生活旋律。他们喜欢笑,欢笑、微笑、大笑、开玩笑、玩耍,总是有人笑着走上前,只是为了和你打个招呼。然而优美的风景和悠闲的生活都只是这个国度的点缀,真正吸引人的是土著部落萨摩亚人,他们堪称世界上最壮的人群。

据说早在3 000多年前,萨摩亚人的祖先——南方蒙古人和澳大利亚人种的混血人就来到了这片美丽的群岛上。到19世纪中叶以前,他们的社会关系才从父系氏族开始分化而演变成为家长奴隶制。

其实关于萨摩亚人生活的记载,最出名的应该

长满面包树的萨摩亚,无时无刻不充满着快乐的气息。每当夕阳西下,走在街道上三三两两的萨摩亚人,他们清闲自在地散步,无所顾忌地谈笑,每一个角落都洋溢着快乐……

是玛格丽特·米德的《萨摩亚人的成年》。纽约公共图书馆成立100周年时,开出了一个"本世纪具有影响力经典书籍"的书单,其中就有这一本《萨摩亚人的成年》。书中描绘的萨摩亚,仿佛是人间现实版的伊甸园,"曙光初照,新的一天开始了,如果到破晓时分月亮还不肯离去,从山坡上就会传来年轻人的一阵阵呼唤……男女之间不存在严格的禁律,少男少女们可以很自由地尝试和享受情爱;那里的人们没有很大的生活压力,他们通常是在轻松的气氛下打鱼、收获庄稼、编织器皿。"

在萨摩亚人的部族中,存在着非常严苛的等级制度。萨摩亚人的生活都是以家庭为单位,对每一个萨摩亚家庭来说,家长有绝对的话语权,在任何时候,家长都可以决定子女的未来,而反抗家长的决定在萨摩亚是绝对不被允许的。当然,这些可爱的萨摩亚人,他们本身属于享受快乐的部族,更多的时候,他们懒于操作子女的人生,除非迫不得已,否则他们才不会去给子女做任何的决定,所以这种家长奴隶制社会的自由程度,完全超过了所有人的想象,构建出了一个无比快乐的部族。

说到萨摩亚人的最大特征,似乎只用一个词语就能形容,那就是强壮。萨摩亚人长得非常强壮,他们看起来脸型很大,下巴宽厚,似

萨摩亚人的体型看起来非常巨大,男人们甚至可以长到电冰箱那么大。

乎没有脖子，不管男人女人给人的感觉都是身高八尺，膀大腰圆。成年萨摩亚人几乎都是电冰箱体型。事实证明，这种身材正是使得他们被世人称为最强壮的人群的首要原因。脸大，下巴宽厚，再加上"没脖子"，使得他们抗击打能力超强；电冰箱体型使得他们下盘稳健，膀大腰圆又赋予了他们巨大的打击力量。

　　萨摩亚人的这种体型和他们清闲的生活密切相关。在萨摩亚，工业和农业都发展得非常缓慢。即使在萨摩亚首都阿皮亚，人口也非常稀少，几乎也没有什么繁华的商店。眺目远望，无论是高山峰峦，还是低谷深壑，处处荆棘丛生，唯独难觅的就是庄稼和果园。这让人不禁疑惑，这些萨摩亚人到底靠什么为生。其实，上帝给了萨摩亚绝佳的资源，他们拥有一种面包树，这种面包树的果实营养丰富，味道甜美，萨摩亚人就是依靠这种面包树的果实生存，并且拥有了世界上最强壮的体型。

　　因为萨摩亚人特殊的体型，这个部族还诞生了许多在摔跤和拳击

萨摩亚人强壮的体型就源于这些面包树。营养丰富的面包树果实，让这里的人民过上了最快乐的生活。

虽然萨摩亚人能修建出精致的教堂,但是他们仍旧住在简陋的木头搭建的草亭里,海风从房子的四面八方吹进屋中,非常凉爽。

界有名的人。这些名人们多数选择在美国展开职业生涯,美国WWF摔跤冠军、超级巨星"顽石The Rock"、电影《蝎子王》的主演,萨摩亚籍的拳击手图阿,虽然身高仅有175厘米,可他在比赛中有90%的场次都是直接击倒对手。同样是萨摩亚人的Mighto Mo,则在美国拳击界非常有名。人口只有几十万的萨摩亚拥有非常多世界一流格斗高手。

有人开玩笑说,一个萨摩亚男人,只要花1个小时,种下10棵面包树,就算完成了对下一代的责任。12棵面包树结的果实,足够一个人吃上一整年。萨摩亚人把这种树上结出的"面包"切成片,再烤一烤就成了他们盘中的美食。不仅如此,面包树还是各种物品的原材料。用面包树做的小船是萨摩亚人最主要的交通工具;用面包树建的房子,可以住上50年;萨摩亚人甚至还用树皮做绳子和各种生活用品。

在迎送宾客或亲朋好友时,萨摩亚人有贴脸的习惯。每当亲朋好友见面,彼此总要贴脸问候,这种礼仪就和握手一样,是他们表示友好的方式。除此之外,萨摩亚还有一种传统迎宾仪式——卡瓦仪式。当家中有人来访的时候,主人会献上一种名叫卡瓦的饮料,客人接过饮料或多或少都要喝一点,因为不喝就表示你不把这家主人当成是朋

友,但是喝前要往地上洒一点表示祭奠,主人家里的家庭成员还会在一边跳起欢快的舞蹈。这个仪式在客人喝下饮料时宣告结束,主宾会散给跳舞者一些赏钱。

到萨摩亚人家作客,要盘腿坐在草席上说话。通常萨摩亚人也会举办一些聚会活动,在这些活动中,不能穿短裤,因为在当地人看来,穿着短裤参加聚会是亵渎神灵。萨摩亚人有自己的信仰,每周星期日是萨摩亚人去教堂做礼拜的日子,这一天,连商店都不营业,大家都虔诚地参与到祈祷中,吃饭前,所有的人都要保持安静,一位祭祀或神父带领大家感谢神的恩赐,做专门的祷告,然后才能享用美味的食物。

现在的绝大多数萨摩亚居民都信仰基督教,所以在萨摩亚最常见的一景便是简洁漂亮的小教堂。几乎每一个村庄都有自己的教堂,这些教堂便是这个国家最漂亮的建筑。当然,除了这些教堂以外,传统的萨摩亚民居也是不可错过的风景线。走进萨摩亚人的村庄,几乎所有人都在惊叹,天啊,这些房子几乎都是镂空的,没有门窗!事实上这个部族的人才不需要门窗这样的东西,他们的房子与其说是房子,不如说是个亭子,四面八方都镂空着,屋子里面有什么,简直一目了然。

萨摩亚这个快乐又悠闲的地方,几乎没有什么生财之路,然而随着旅游业的发展,越来越多的人开始向往这个南太平洋上的岛国。可是,无论外界如何打扰这一片净土,萨摩亚人依旧悠闲自在,依旧过着他们依靠面包树生存的日子,似乎没有什么烦恼能让他们放弃这种闲适,而这种名为家长奴隶制实则自由得让人无限神往的生活模式,使萨摩亚成为了外界追寻的逃离喧嚣的圣地。

文/张茅 图/Boykov

布须曼人 绘出壮观的非洲历史壁画

女人们的平均身高只有1.38米,他们还在依靠钻木取火,几乎所有的布须曼人都拥有一双丹凤眼,斑斓的壁画不单单是他们部落的历史,更是整个非洲的历史。

在辽阔的非洲平原南部,笔直的海岸线怀抱着雨林沙漠和草原,这里有"地球伤痕"之称的东非大裂谷,长长的峡谷纵横跌宕,岩壁上画着古老而精致的岩画,激战的勇士、迁徙的部落、凶猛的野兽……遥远的呐喊似乎还萦绕在耳畔,喷溅的鲜血还依稀可见。这些栩栩如生的壁画,反映了非洲人祖先们波澜壮阔的历史。

令人难以想象的是,能绘出内容如此壮观且千年不褪色杰作的画者,是一群身材不足1.6米的矮个子。除了个子矮小,他们还有着和这片土地上其他人种迥然不同的外貌特征:黄里透红的皮肤,蒙古人一样的"丹凤眼",高高的颧骨,一头浓密而呈颗粒状的头发,连人类学家也搞不懂他们的祖先究竟是何方神圣。虽然他们个头不高,但速度和耐力却相当惊人,他们一般隐蔽在平原里,一旦发现猎物,动作迅速敏捷,无论环境多么严酷,地形多么复杂,他们矫健的身姿都会锲而不舍地一直奔跑追踪下去。

这个已繁衍了20 000年，极富传奇色彩的种族被称为"布须曼人"。

"布须曼"一词实际上来源英文"Bushman"，是17世纪荷兰殖民者给这个部落起的名字，意思是生活在灌木丛中的人，生动形象地概述了布须曼人的生活状态。

布须曼人的生活离不开灌木和茅草，走进非洲西南部，这里还能看到一些恪守着原始生活状态的布须曼人的部落。他们的居所多是就地取材建成的简陋的草棚屋，和普通的茅屋造型相同，尖圆的房顶，屋内很宽敞，这个大概要算他们的卧室和客厅了；还有一种看上去像倒置的鸟巢，呈"人"字形，内里涂上泥巴固定，这种茅屋低矮狭小得甚至要弯下腰才能钻进去，这里是布须曼女人的厨房，虽然她们身高仅有1.38米左右，但难以想象她们是如何在这狭小的空间里稀松平常地做好全家的一日三餐的。布须曼人不会储存火种，也不会去用打火机、火柴之类的文明产物，他们生火还靠着最原始的方式——钻木取火：他们熟练地将一小撮干草放进凿有小圆洞的木块里，然后快速用双手钻动竖直插进圆洞里的细木棍，5分钟不到就能把草点燃，腾起小火苗。

抚摸着这个部落中壁画，似乎在抚摸非洲悠久的历史，古老精致的壁画雕刻着激战的勇士、迁徙的部落、凶猛的野兽，仿佛还有来自远古的呐喊萦绕耳边……

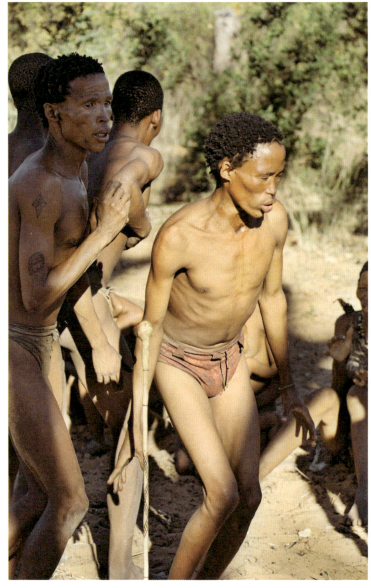

虽然生活在东非大裂谷中,可是布须曼人看起来更像是亚洲人,有着相对矮小的个子、黄色的皮肤以及丹凤眼。

族人们的生活来源主要依靠采集果实和狩猎，也耕种少量的农作物。在狩猎时，猎人们背着特制的弓箭，分成2～6人不等的一个狩猎小组，慢慢靠近那些大型猎物。起身、搭箭拉弓、射击，一系列干净利落的动作完成后，猎物轰然倒地，这时候猎人们不再继续追赶，而是放心地回去休息，等到天明循着足迹找到猎物——这时毒性已经完全发作，猎物完全丧失抵抗力。箭头的毒用剧毒植物、蛇毒和有毒甲虫调制而成，一旦进入体内，必死无疑，而箭杆可以拆卸下来装上新的箭头重复使用。布须曼人虽然身材矮小，但在狩猎上是公认的打猎能手，他们在长期的狩猎实践中练就了一双火眼金睛，能依靠动物足迹来判断猎物的位置甚至它们受伤与否。成功追踪一次猎物，往往需要在野外待上2～3天，但他们永远不知疲倦……

　　当男人们外出打猎时，女人们就负责寻找各种可以食用的植物，布须曼女人不是尝遍百草的神农，却有着丰富的植物知识，她们采摘

村落里随处可见这样的茅草和牛粪树枝搭建起来的草棚，这就是布须曼人的家。

和非洲其他的部落一样,布须曼人也不穿上衣,他们仅仅用兽皮遮住下身的重点部位,只有这样才能在炎热的非洲过得舒服一点。

古老的岩壁上绘着壁画，栩栩如生的牛羊、野兽、远古的战士们、无休无止的战争都在眼前。

蘑菇、植物球茎、浆果和各种瓜果作为食物。在布须曼人的饮食中80%的是植物；与肉食相比，植物是更为稳定的食物来源。布须曼人在各个采集点之间轮换采集，绝不做那种竭泽而渔的事情。

沙漠之水贵如油，饮水是件大事。有传说布须曼人能长时间不喝一滴水，其实，是因为布须曼人有一套巧妙而独特的获取水源和保存水的方法：他们不会耗时耗力地去打水井，而是挖开地表，在下面的沙层中打一个洞，塞进去干草，草中间插上一根通透的芦苇管，把上端露在外面，等到地下水渗透到沙中，干草一过滤，就能通过芦苇管喝到甘甜的水了。除此之外，他们还用鸵鸟蛋壳为容器储存雨水，把开口用干草密封严实，埋在树下保存起来。

布须曼部落是以狩猎队为单位组成的，一只狩猎队一般由几个到几十个家庭组成；队内自治，独立活动，并由队内年龄较大，经验丰富的长者担任首领。首领主要负责带领众人打猎或者与敌人战斗，只有军事权，没有审判权，影响力没有其他部落里的首领那么大。几个有共同名称或者语言的狩猎队组成部落，部落实际作用很小，通常主要活动仍以狩猎队为中心。布须曼人崇尚集体主义，个人没有私有财

还在依靠钻木取火的布须曼人除了猎杀动物、采摘野果为生外，最大的美味就是各种各样的虫子，烤一烤，便是营养丰富的食物。

产，所有劳动成果部落成员共享，无论是打到猎物还是采集到果实，都要和其他家庭分享，所以部落里不会有贫富差异之分，大家都亲如兄弟姐妹，不离不弃，患难与共。

布须曼人的婚俗很有意思：首先不允许狩猎队内通婚，成年男子必须去其他狩猎队寻找未婚妻。男子在结婚前要送给新娘一件漂亮的皮斗篷，这大概相当于订婚戒指，有的地方还要打一只羚羊给未来的岳父母，作婚宴用。新婚燕尔的前几个月里，新郎官得住在岳父家里。结婚那天，部落成员都会来庆祝一番，布须曼人天生能歌善舞，年轻的男子们跳起粗犷热情的模仿羚羊奔跑动作的"大羚羊"舞向女方表示祝贺；作为回应，布须曼姑娘们跳起充满神秘色彩的寓意孕育新希望的"再生"舞向男方表示祝贺。如果丈夫去世，妻子可以改嫁，如果不改嫁，那么丈夫的兄弟们就有义务帮她维持生活。

和大多数土著部落一样，布须曼人的穿着也十分简陋，男人们系着一块像裤头一样的遮羞布，有时在肩上披一块大点的兽皮算作斗篷。女人们除了斗篷之外，还要在身前和身后围上两件兽皮做的围裙，前小后大。布须曼人特色的装饰品要属鸵鸟蛋项链，这种项链只有妇女、儿童和年轻男子才佩戴，他们还喜欢在脸上涂上红色或者黑色的油彩。在有的部落里，老人们在接受了猎人的馈赠后，会给他文身以示感谢。

布须曼人认为人的生活方式有两种：一种是对的，一种是错的。正确的生活方式就是和"邻居"友好相处，他们的"邻居"不仅仅是

被喻为地球伤口的东非大裂谷，数不清的秘密隐藏在这地缝中，而布须曼人从何而来无疑是最大的秘密。

演绎着非洲醇厚历史的壁画,就是出自这些平均身高只有1.6米的布须曼人。他们令人惊叹的艺术天赋从远古到现在,从来没有消失过。

部落同胞,还包括动植物、风雨云彩等自然万象,他们从不把自己作为万物之灵的智慧人类而自居,而是把自己看成自然界的一个部分,和其他同样存在的物种一样。错误的生活方式会遭受"神考哈"的严厉惩罚,"神考哈"是布须曼人心中的万物之神,他的形象变幻莫测,一会是动物,一会是植物,一会是人,他的仆人巴斯塔德用永不熄灭的生命之火造出了世间万物。

　　时代总是向前发展的,近20年来,布须曼人的生活发生了巨大的改变,一些布须曼人开始走进城镇,做皮毛生意,或者是在周边的牧场和矿场工作,走进了文明世界。到现在还保留着传统方式生活的布须曼人已不足3 000人。只有他们千年不朽的壁画,还在诉说着祖先的历史,那种古朴凝重的气息,依然漂游在非洲大地上,融汇于大自然中……

文/吴肃爽　图/Pichugin Dmitry

用生命博取蹦极快感的 瓦努阿图人

他们站在树枝搭起的高台上,用藤蔓拴住脚踝,纵身跃下,尽力用肩部去撞击地面。12岁的小孩必须经历这样的蹦极才算成人……

瓦努阿图意为"海面上升起的岛屿",位于南太平洋西部,共有83座岛屿,是一个风景旖旎的海外世界,是旅游者心中的人间天堂。"so much to see, so much to do",是瓦努阿图的旅游宣传语。敢于如此大张旗鼓地宣传是因为各个岛上风情各异的自然景观。首当其冲的当属坐落于达塔纳岛上有着"上帝焰火"之称的也苏活火山。人还没靠近,远远地就先听到来自火山雷鸣般的轰鸣,再往前,脚下是厚厚的火山灰,抬眼望去,是蔚为壮观的雾气腾腾的蘑菇云,突然间,火山喷发了!它迸发出鲜血一般的红热的岩浆,在高空里绽放出五颜六色的焰火,伴随着隆隆的声音和地动山摇的震撼。如此雄奇的景色让人大呼过瘾,不由得对自然生出敬畏叹服之情。

把瓦努阿图称为人间天堂,除了它的美丽之外,还因为它是一个让人感到快乐的地方。虽然瓦努阿图是世界上最贫穷的地方之一,但是这里的人们并不崇尚奢靡的物质享受。

早在2000年前，属于美拉尼亚人种的瓦努阿图人就开始在维拉港的埃卡苏普文化村生活。他们用香蕉树皮修建民居，在这片美丽的土地上日出而作日落而息。农忙时节，部落里的人们便上山耕作，闲时，他们便下海捕鱼。海风与浪涛铸就了这个部落的勇敢，沙滩上嬉戏的孩童展示着人间天堂的快乐。

让瓦努阿图人闻名的除了他们的快乐，还有他们用来证明男人成熟和勇敢的传统悬跳运动——"蹦极"。在除了瓦努阿图以外的地方，"蹦极"是作为娱乐方式的一种极限运动；可是在发源地，"蹦极"是一项肃穆庄重的成人仪式。

每到甘薯丰收的五月，族人们搭起高耸入云的木质塔，一名稚气未脱的男孩慢慢爬上塔顶，他沉着地用藤条紧紧捆住自己的脚踝，慢慢移步到高台边缘，塔底下男孩的父母紧张得似乎把心脏都含在嘴里，只见男孩深吸一口气，微微屈膝，然后猛然从塔尖上跳下来，男孩的身体在高空中像一块石头一样迅速地降落，围观的族人们都屏住了呼吸并默默祈祷男孩的平安降落。也就一瞬间，藤条骤然拉直，男孩缓缓地落下地面，整个人瘫软在地上。顷刻间人群的欢呼声响彻云霄，男孩的母亲喜极而泣，冲过去紧紧抱着自己惊魂未定的孩子，父亲骄傲地把孩子抱过来高高举过头顶，男孩像凯旋的英雄一样接受族

他们站在高高的树枝搭建的平台上，用雨林中的藤蔓捆住双脚，然后一跃而下，享受着飞翔的快乐，也体会着生活的惊险与刺激……

男孩从高台上跳下来的一瞬间,也预示着他们长大了,成为了一名果敢勇猛的男人。

人的欢呼和祝福。接下来的时间是欢乐而盛大的歌舞聚会——庆祝男孩通过考验,正式成为一名果敢和勇气非凡的男人。

这种奇特的成人仪式来源于瓦努阿图的一个古老的民间传说:在瓦努阿图人祖先居住的圣茨波恩岛上,有一位妇女因为不堪忍受丈夫的虐待,几次逃跑,都被丈夫抓了回去。后来一次,她再次在逃跑途中被丈夫追赶,逼上了一棵藤蔓缠绕的大榕树,丈夫气急败坏地爬上树,妇女被逼无奈,决心玉石俱焚,她拉着丈夫一起从高高的树顶上一跃而下，结果妇女被藤蔓缠住脚踝，平安无事，恶行累累的丈夫摔死在地……后来，酋长为了表彰妇女勇于抗争的勇敢和坚强，号召村中男子效仿其从高空跳下，以考验他们的勇气。

每个古老的民族都拥有自己的特色文化艺术，瓦努阿图也不例外。这里的传统沙画不仅是历史悠久的艺术表现形式，而且对于以岛屿地形为主的瓦努阿图来说，沙画还曾作为一种实用便捷的通信手段。瓦努阿图沙画是一个起多种作用的"写"的过程——由族里的沙画者在一块开阔的土地上直接用沙、火山灰或黏土使用手指画出优雅匀称的几何图，沙画还被用来记录祖先遗留下来的财产或口耳相传的神话传说，还包含了大量的历史、生活技能等信息。沙画者需要对瓦努阿图的历史文化有着深刻的理解，还要拥有图表图案的丰富知识，一般由族里受人尊敬的智者担任。读懂了沙画，就能全面了解这个古老的民族。

在瓦努阿图中部的马鲁库拉岛上，当地的居民基本保持着原始古朴的部族生活。在这里，可以看到很多瓦努阿图人特有的宗族习俗。当地有一座被称为"女人禁地"的纳卡茅屋，围墙和房顶都由椰叶压制而成，经济适用且美观大方。屋脊上有一只展翅欲飞的大鸟雕饰，屋门两侧各有一根原木雕刻的图腾柱。这座房子也被称为是"男人传统屋"，从不许女人踏足半步，否则会被视为不吉利。每当嫁娶、祭祀或节日的时候，族里的男人们便在酋长的带领下进入里面进行祈祷等活动，纳卡茅屋是瓦努阿图人的精神圣地。

对于瓦努阿图人来说，最重要的装饰品便是木雕。他们喜欢木雕，在这里，不管是商店还是家里，亦或者公共场所，都摆放着各式各样的木雕。这些造型各异的雕刻或古铜色，或砖红色，或土黄色，或浅褐色……雕刻得最多的就是夸张传统的人物，它们都极具瓦努阿图人祖先的面部特征，五官要素被放大，显得生动而滑稽，总能让初次看见的人莞尔一笑。

岛上还有个叫做尤赫纳南的土著村落，那里的瓦努阿图人至今仍流传着让人匪夷所思的信仰传统——他们把英国女王伊丽莎白的丈夫

菲利普亲王当做神明来供奉。在村长家里，还保管着一幅镶在镜框里的有菲利普亲王亲笔签名的黑白照片和两枚亲王勋章——这些来自英国皇室的遗物，被族人们视为圣物而一直悉心保存下来。至今村子里还流传着这样一个传说：菲利普亲王从小生活在尤赫纳南村，是万能的卡尔巴奔神把他送到伊丽莎白女王身边并结为伉俪。当地人对这一传说深信不疑，并虔诚地认为菲利普亲王终究会回到村子里，村里甚至还保留着据说是菲利普亲王幼年居住的草棚。每年亲王的诞辰日，族人们都会穿起"卡斯通"——一种草裙和缠腰布组成的特色服装，在夜幕降临之时，静坐在村里的空地上，等待着菲利普亲王回到他们中间。

瓦努阿图人最重要的装饰品就是木雕。在瓦努阿图这样的木雕随处可见。木雕上都雕刻着夸张的人脸，他们都是瓦努阿图人的先祖。

文/吴肃爽

图/Karin Wassmer

图书在版编目(CIP)数据

到世界的另一端：发现部落 / 良卷文化著. —北京：北京大学出版社，2012.9

ISBN 978-7-301-17498-2

Ⅰ.①到… Ⅱ.①良… Ⅲ.①部落－民族文化－世界－通俗读物 Ⅳ.①K18-49

中国版本图书馆 CIP 数据核字(2012)第200316号

书　　　名：	到世界的另一端：发现部落
著作责任者：	良卷文化 著
策 划 编 辑：	莫　愚
责 任 编 辑：	莫　愚
标 准 书 号：	ISBN 978-7-301-17498-2/K·0886
出　版　者：	北京大学出版社
地　　　址：	北京市海淀区成府路 205 号　100871
网　　　址：	http://www.pup.cn　http://www.pup6.cn
电　　　话：	邮购部 62752015　发行部 62750672
	编辑部 62750667　出版部 62754962
电 子 邮 箱：	pup_6@163.com
印　刷　者：	北京大学印刷厂
发　行　者：	北京大学出版社
经　销　者：	新华书店
	880mm×1230mm　32开本　7.125印张　202千字
	2012 年 9 月第 1 版　2012 年 9 月第 1 次印刷
定　　　价：	38.00元

未经许可，不得以任何方式复制或抄袭本书之部分或全部内容。
版权所有　侵权必究　　举报电话：010-62752024
　　　　　　　　　　　电子邮箱：fd@pup.pku.edu.cn